Die strafrechtlichen Aufgaben der Polizei

Für den Polizeiunterricht
und die Polizeipraxis

dargestellt von

Dr. jur. Hans Schneickert
Leiter des Erkennungsdienstes beim Polizeipräsidium Berlin
Beauftragter Dozent für Kriminalistik an der Universität Berlin

Berlin und Leipzig 1923
Vereinigung wissenschaftlicher Verleger
Walter de Gruyter & Co.
vormals G. J. Göschen'sche Verlagshandlung — J. Guttentag, Verlagsbuchhandlung — Georg Reimer — Karl J. Trübner — Veit & Comp.

Inhalt.

Anhang.

Einleitung.

Um den Stoff der strafrechtlichen Aufgaben der Polizei in knapper, aber doch möglichst lückenloser Form darzustellen, muß er nach zwei Seiten hin gehörig abgegrenzt werden: einmal müssen die kriminaltaktischen und -technischen Gebiete ausscheiden, sodann darf sich die Darstellung nicht im strafrechtlichen Gebiet verlieren. Wenn übrigens das Hauptgewicht auf die Aufgaben der gerichtlichen Polizei gelegt werden sollte, durften die umfangreichen Gebiete des übrigen Polizeirechts, z. B. Gewerbe-, Straßen-, Gesundheitspolizei usw., nicht mehr berücksichtigt werden. Zudem gibt es hierüber eine ganze Anzahl von Sammlungen polizeirechtlicher Vorschriften, von denen Retzlaffs Polizeihandbuch als eine der besten besonders hervorgehoben zu werden verdient. Für das Eingreifen der Kriminalpolizei bei Verfolgung strafbarer Handlungen jeder Art bieten die dargestellten Grundsätze und Vorschriften der Strafprozeßordnung, die in zweckmäßiger Weise gegliedert und durch einige wichtige reichsgerichtliche Entscheidungen hie und da bereichert wurden, einen Lernstoff, dem jeder Polizeibeamte die größte Sorgfalt und Gewissenhaftigkeit widmen muß; sonst setzt er sich berechtigten Vorwürfen der Hilflosigkeit und Unbrauchbarkeit aus. Ebenso muß er im Strafgesetzbuch Bescheid wissen; doch war es weder die Absicht, noch entspricht es einer Notwendigkeit, auch die strafgesetzlichen Bestimmungen bis ins kleinste darzustellen. Auch dafür gibt es zahlreiche Lehrmittel, von denen als für den Polizeibeamten besonders geeignet zu nennen ist: Einführung in Strafrecht und Strafprozeß von Friedendorff[1]), wie auch das von Grosch herausgegebene Strafgesetzbuch[2]) den Bedürfnissen der Polizeibeamten am meisten Rechnung trägt.

Die strafrechtlichen Nebengesetze, die, wie z. B. die literarischen und gewerblichen Urheberschutzgesetze und zahlreiche landesrechtliche Strafbestimmungen, dem Polizeibeamten oft Gelegenheit zur Anwendung geben, sind in besonderen Sammlungen ebenfalls umfassend dargestellt; es wird hier u. a. auf „Die Reichsstrafnebengesetze" von Olshausen[3]) hingewiesen, sowie auf Lindemanns Sammlung Preußischer Strafgesetze[4]). Schließlich bietet auch das von Polizeirat Dr. jur. Max Weiß herausgegebene zweibändige Werk „Die Polizeischule" (Dresden 1920)

---

[1]) Erschienen im Verlag von Albert Nauck, Berlin 1921.

[2]) Erschienen im Verlag von J. Schweitzer, München 1922.

[3]) Erschienen im Verlag von Vahlen, Berlin.

[4]) Erschienen bei J. Guttentag, Berlin.

reichhaltiges Lehrmaterial auf diesem Gebiete. Die wichtigsten dieser Gesetze strafrechtlichen Inhalts sind im vorliegenden Werke in einem besonderen Abschnitt titelmäßig aufgeführt worden mit einigen Hinweisen auf ihren Inhalt und Zweck, um so wenigstens jedem Polizeibeamten eine gewisse Orientierungsmöglichkeit beim Studium wie in der Praxis zu bieten.

Die strafrechtlichen Aufgaben der Polizei.

Einteilung und Aufgabe der Polizei.

Der Begriff Polizei im heutigen Sinne hat sich erst allmählich entwickelt; seit dem 17. Jahrhundert versteht man darunter die Tätigkeit des Staates zur Erhaltung der öffentlichen Sicherheit und zur Förderung der Wohlfahrt des Volkes[1]. Als Hoheitsrecht des Staates zerfällt die Polizeigewalt in die Verordnungs-, die Strafverfügungs- und die Zwangsgewalt.

Die Grundlage der polizeilichen Tätigkeit ist in der heute noch gültigen Bestimmung des Allgemeinen preußischen Landrechts vom Jahre 1794, Teil II, Titel 17, § 10 enthalten, der lautet:

„Die nötigen Anstalten zur Erhaltung der öffentlichen Ruhe, Sicherheit und Ordnung und zur

---

[1]) Das Institut und der Ausdruck „Polizei" war in Frankreich schon im 14. Jahrhundert eingebürgert und wurde Ende des 15. Jahrhunderts durch den Kurfürsten von Mainz und Reichskanzler Bertold in die Rechtssprache des Reiches eingeführt.

Abwendung der dem Publikum oder einzelnen Mitgliedern des Publikums bevorstehenden Gefahr zu treffen, ist das Amt der Polizei."

Daraus läßt sich die heute noch allgemein eingeführte Einteilung der drei Hauptaufgaben der Polizei herleiten, so daß wir eine Schutzpolizei, eine Kriminalpolizei und eine Ordnungspolizei zu unterscheiden haben, wenn auch die Bezeichnungen zu manchen Zeiten und an manchen Orten schwankend sind und man auch von Sicherheits-, Wohlfahrts- und Verwaltungspolizei spricht.

Das bayerische Polizeistrafgesetzbuch vom 26. Dezember 1871 bestimmt im Artikel 20:

„In Fällen, die mit Strafe gesetzlich bedroht sind, ist die zuständige Polizeibehörde, vorbehaltlich der späteren Strafverfolgung, soweit nötig, zur vorläufigen Einschreitung befugt."

In Württemberg bedroht das Gesetz vom 12. August 1879 Art. 2 den Ungehorsam gegen die von einer Behörde innerhalb ihrer Zuständigkeit getroffenen ordnungsmäßig eröffneten Anordnungen mit Geld- und Haftstrafen; auch sind die Polizeibehörden außerdem befugt, ihre Anordnungen durch Anwendung sonstiger gesetzlicher Zwangsmittel zur Ausführung zu bringen.

Das badische Polizeistrafgesetzbuch vom 31. Oktober 1863 überträgt den Polizeibehörden die Befugnis, auch unabhängig von der strafgerichtlichen Verfolgung rechts- und ordnungswidrige Zustände innerhalb ihrer Zuständigkeit zu beseitigen und deren Entstehung und Fortsetzung zu verhindern.

Ähnliche Bestimmungen enthält das sächsische Gesetz vom 28. Januar 1835. Die Städteordnung vom 24. April 1879 bestimmt im Artikel IV, § 12, daß die Ortspolizei die allgemeine Fürsorge für die Sicherheit der Person und des Eigentums und die Abwehr von Friedensstörungen hat.

Danach erkennen wir eine teils vorbeugende, teils schützende und helfende, teils anordnende und strafende Tätigkeit der Polizei.

Dem Zwecke des vorliegenden Büchleins entsprechend, werden wir uns hier hauptsächlich mit den Aufgaben der Sicherheits- und Kriminalpolizei zu befassen haben, also jenem Zweig der Polizei, der gemäß § 161 der Reichsstrafprozeßordnung strafbare Handlungen zu erforschen und alle keinen Aufschub gestattenden Anordnungen zu treffen hat, um die Verdunkelung der Sache zu verhüten. Die Tätigkeit der Kriminalpolizei ist also die Feststellung und Ermittelung der strafbaren Handlungen und ihrer Urheber.

Mit der Organisation der Kriminalpolizei haben wir uns hier grundsätzlich nicht zu befassen; doch soll der allgemeinen Wichtigkeit wegen zum Schlusse das Reichskriminalpolizeigesetz vom 21. Juli 1922 Aufnahme finden.

Die strafrechtliche Tätigkeit der Polizei ist geregelt:

A. durch das Reichsstrafgesetzbuch;

B. durch die Strafprozeßordnung;

C. durch Reichs- und Landesgesetze strafrechtlichen Inhalts.

Um eine möglichst systematische Darstellung dieses Tätigkeitsgebietes zu erreichen, soll diese Grundeinteilung hier beibehalten werden.

A. Die Bestimmungen des Reichsstrafgesetzbuches über die Tätigkeit der Polizei.

Das Strafgesetz enthält gewisse allgemein polizeirechtliche Bestimmungen, die den Charakter von Präventivmaßregeln haben, bei deren Durchführung die Polizeibehörden mitzuwirken haben. Als solche sind zu nennen:

1. die Polizeiaufsicht (§ 38 StGB.);
2. die Überweisung in eine Erziehungs- oder Besserungsanstalt (§§ 55, 56 StGB.);
3. die Überweisung an die Landespolizeibehörde (§§ 181a, 362, 285a StGB.);
4. die Verweisung aus dem Bundesgebiet (§ 284 StGB.).

1. Die Polizeiaufsicht.

Die Anwendung der Polizeiaufsicht, die sowohl eine Sicherungsmaßnahme für die bedrohte Gesellschaft, als auch eine Fürsorgemaßregel des besserungsfähigen und besserungswilligen Strafentlassenen darstellt, setzt voraus:

a) eine gesetzliche Bestimmung,
b) ein richterliches Urteil,
c) eine Anordnung der Landespolizeibehörde.

Die strafgesetzlichen Bestimmungen, nach welchen auf Zulässigkeit der Polizeiaufsicht erkannt werden kann, sind folgende: § 44 (bei Todes- und lebenslänglicher Zuchthausstrafe), § 49a (Aufforderung zu einem Verbrechen), §§ 115, 116 Abs. 2 (öffentliche Zusammenrottung und Aufruhr), § 122 (Meuterei), § 125 (Landfriedensbruch), §§ 146, 147 (Münzverbrechen), § 180 (gewerbsmäßige Kuppelei), § 181 (schwere Kuppelei), § 181a (Zuhälterei), § 184 (Sittlichkeitsvergehen durch Verbreitung unzüchtiger Schriften usw.), § 248 (schwerer und Rückfalldiebstahl, Unterschlagung), § 256 (Raub und Erpressung), § 262 (Hehlerei), § 285a (gewerbsmäßiges Glücksspiel), § 294 (gewerbsmäßige Wilddieberei), sowie die gemeingefährlichen Verbrechen und Vergehen der §§ 306—308, 311—313, 315, 321—324 (neben Zuchthausstrafe, vgl. § 325).

Schließlich sind noch hier zu erwähnen: der § 11 des Sprengstoffgesetzes vom 9. Juni 1884, §§ 3, 5 und 6 des Gesetzes gegen Verrat militärischer Geheimnisse (im Falle des § 1 in Verbindung mit § 6 sogar bei Festungshaft), § 3 des Gesetzes gegen den Sklavenhandel, § 105 Seemannsordnung (bei Gewalttätigkeiten gegen den Kapitän oder andere Vorgesetzte der Schiffsbesatzung), § 48 des Gesetzes über das Auswanderungswesen vom 9. Juni 1897 (Mädchenhandel), § 13 des Nahrungsmittelgesetzes vom 14. Mai 1879 (bei schwerer Gesundheitsschädigung infolge Nahrungsmittelverfälschung).

Wann die Polizeiaufsicht eintritt, schreibt das Gesetz nicht vor, sondern es überläßt die ausdrückliche Anerkennung der Zulässigkeit ihrer Anordnung im Einzelfalle dem richterlichen Ermessen; daher heißt es im Gesetz auch nur, daß in den näher bestimmten Fällen die Polizeiaufsicht angeordnet werden **kann** (nicht soll).

Das **Strafurteil** selbst ordnet ebenfalls die Polizeiaufsicht nicht an, sondern spricht nur aus, daß sie angeordnet werden kann. Schlüssig darüber macht sich erst die Landespolizeibehörde am Ende der Strafzeit, die also ihrerseits noch einmal im Einvernehmen mit der Gefängnisverwaltung und der Polizeibehörde des Entlassungsortes in die Prüfung der Frage eintreten wird, ob der Verurteilte nach Strafverbüßung unter Polizeiaufsicht gestellt werden soll. Erst nach dem formellen Beschluß der Landespolizeibehörde kann die Polizeiaufsicht in Wirksamkeit treten.

Das mit der Polizeiaufsichtsklausel versehene Strafurteil überträgt der Landespolizei die Ermächtigung, den Verurteilten auf die Zeit von **fünf** Jahren, vom Zeitpunkt der Strafverbüßung an gerechnet, unter Polizeiaufsicht zu stellen. Während dieser fünf Jahre kann die Polizei nach freiem Ermessen die Polizeiaufsicht strenger oder milder durchführen, kann sie sogar fallen lassen, wenn ein für entlassene Strafgefangene tätiger Schutz- oder Fürsorgeverein sich des betreffenden Menschen annimmt und sich für sein anständiges und ehrliches Fortkommen einsetzt.

Wirkungen der Polizeiaufsicht.

Nach § 39 StGB. hat die Polizeiaufsicht folgende, in das Privatleben eines Menschen sehr einschneidende Wirkungen:

1. Dem Verurteilten kann der Aufenthalt an einzelnen bestimmten Orten von der höheren Landespolizeibehörde untersagt werden;
2. die höhere Landespolizeibehörde ist befugt, den Ausländer aus dem Bundesgebiete zu verweisen;
3. Haussuchungen unterliegen keiner Beschränkung hinsichtlich der Zeit, zu welcher sie stattfinden dürfen.

Anmerkungen. Zu 1. Höhere Landespolizeibehörde ist: in Preußen der Regierungspräsident (für Berlin der Polizeipräsident), in Bayern die Distriktspolizeibehörde (nämlich das Bezirksamt oder der Magistrat der unmittelbaren Stadt), für München die Polizeidirektion, in Sachsen die Kreishauptmannschaft, in Württemberg das Oberamt, in Baden der Landeskommissär.

Die Aufenthaltsbeschränkung braucht sich nicht nur auf Ortschaften, also Städte, Märkte, Dörfer, sondern kann sich auch auf enger begrenzte Räumlichkeiten beziehen, z. B. auf öffentliche Plätze und Lokale, Theater, Bahnhöfe, Rennbahnen, Volksfeste usw. Dafür, daß der Aufenthalt in der Heimatsgemeinde oder im Orte des Unterstützungswohnsitzes nicht untersagt werden dürfe, ergibt das Gesetz nichts, doch wird auch die juristische Meinung vertreten, daß dem unter Polizeiaufsicht Gestellten der Aufenthalt in seinem Heimatort niemals untersagt werden darf.

Zu 2. Die Verweisung aus dem Bundesgebiet oder die „Reichsverweisung" ist eine der Landespolizeibehörde kraft Gerichtsurteil übertragene Befugnis; sie kann diese Maßregel ohne jede Zeitbestimmung verhängen. Ausländer, als die nur Nichtdeutsche anzusehen sind, können, wenn sie wegen gewerbsmäßigen Glücksspiels verurteilt sind, auch ohne unter Polizeiaufsicht gestellt zu sein, aus dem Reichsgebiet von der Landespolizei ausgewiesen werden (vgl. § 285a RStGB.).

Zu 3. Hierzu vgl. die §§ 103 und 104 StPO. Nach § 113 StPO. ist die Untersuchungshaft gegen einen unter Polizeiaufsicht Gestellten auch bei Übertretungen zulässig.

Handelt der unter Polizeiaufsicht Gestellte den ihm auferlegten Beschränkungen zuwider, so kann er gemäß § 361 Ziffer 1 StGB. mit Haft bestraft werden.

In welcher Weise die Polizeiaufsicht zu führen ist, richtet sich nach den landespolizeilichen Vorschriften, die im wesentlichen gleichlautende oder ähnliche Bestimmungen enthalten.

Für Preußen ist maßgebend die Instruktion des Ministeriums des Innern vom 30. Juni 1900 (MBl. S. 212) zur Ausführung der §§ 38 und 39 StGB., betreffend die Stellung unter Polizeiaufsicht:

§ 2. Die Stellung unter Polizeiaufsicht soll nur stattfinden, wenn begründete Besorgnis besteht, daß der Verurteilte die wiedererlangte Freiheit in gemeingefährlicher Weise mißbrauchen werde.

Neben dem der Verurteilung zugrunde liegenden Verbrechen und dem sonstigen bisherigen Verhalten des Verurteilten ist dessen Führung während der Strafverbüßung in Betracht zu ziehen und auf die Verhältnisse Rücksicht zu nehmen, in welche derselbe nach der Haftentlassung eintritt. Verurteilte, welche nach stattgefundener vorläufiger Haftentlassung bis zum Ablaufe der in dem Erkenntnisse festgesetzten Strafzeit sich ordnungsmäßig geführt haben, sind der Polizeiaufsicht in der Regel nicht zu unterwerfen.

Ebenso sollen von derselben andere Verurteilte, welche sich während der Strafverbüßung gut geführt haben und deren Unterkommen in der Freiheit ein gesichertes ist, in der Regel befreit bleiben.

§ 3. Die Stellung unter Polizeiaufsicht wird von derjenigen Landespolizeibehörde[1]) angeordnet, zu deren Bezirk der Ort gehört, nach welchem der Verurteilte aus der Strafhaft entlassen wird (Entlassungsort) oder an welchem derselbe später Aufenthalt nimmt. In Ansehung von Ausländern (§ 8), welche einen festen Wohnsitz innerhalb des preußischen Staatsgebietes bisher nicht gehabt haben, steht die An-

[1]) In Preußen der Regierungspräsident, bzw. für Berlin der Polizeipräsident.

ordnung der Maßregel der Landespolizeibehörde des Bezirkes zu, in welchem die Freiheitsstrafe verbüßt ist.

Die Stellung unter Polizeiaufsicht kann nur bis zum Ablaufe von fünf Jahren, von dem Tage der Beendigung der Freiheitsstrafe gerechnet, angeordnet oder aufrecht erhalten werden.

Bei vorläufig entlassenen Verurteilten wird die Freiheitsstrafe erst mit dem Tage als beendigt angesehen, an welchem die im Erkenntnisse festgesetzte Strafzeit abgelaufen ist.

§ 4. Zur Vorbereitung der Beschlußnahme über die nach § 3 zu treffende Anordnung hat der Gefängnisvorstand 6 Wochen vor der Entlassung eines Verurteilten, gegen welchen auf Zulässigkeit von Polizeiaufsicht erkannt worden ist, der Landespolizeibehörde des Entlassungsortes ein Zeugnis über die Führung des Verurteilten während der Strafverbüßung nebst einem Gutachten der Konferenz der Gefängnis-Oberbeamten über die Angemessenheit der Polizeiaufsicht zu übersenden. Besteht bei der Anstalt eine Beamtenkonferenz nicht, so ist das Gutachten von dem Vorstande in Gemeinschaft mit dem Anstaltsgeistlichen abzugeben. Hierbei ist anzugeben, ob und in welcher Weise der zur Entlassung kommende sich der für entlassene Gefangene angeordneten Fürsorge unterstellt hat.

Ist der Verurteilte ein Ausländer, welcher einen festen Wohnsitz innerhalb des preußischen Staatsgebietes bisher nicht gehabt hat, so sind die vorbezeichneten Schriftstücke der Landespolizeibehörde, in deren Bezirk die Anstalt belegen ist, 6 Wochen vor der Entlassung zu übersenden.

§ 5. Unter Berücksichtigung des Gutachtens der Gefängnisbehörde (§ 4) und der sonst in Betracht kommenden Umstände (§ 2) hat die Landespolizeibehörde des Entlassungsortes über die Stellung des Verurteilten unter Polizeiaufsicht Beschluß zu fassen. Diese Beschlußfassung hat so zeitig zu erfolgen, daß die Anordnung der Polizeiaufsicht dem Verurteilten noch in der Strafanstalt eröffnet wird.

Die Landespolizeibehörde ist berechtigt, ihre Entscheidung nach Befinden der Umstände durch spätere Anordnungen selbst abzuändern, insbesondere die für die Stellung unter Polizeiaufsicht festgesetzte Zeitdauer abzukürzen oder unter Innehaltung der gesetzlichen Frist (§ 3) zu verlängern.

Im Falle des Verziehens einer Person, gegen die auf Zulässigkeit der Stellung unter Polizeiaufsicht erkannt ist, gehen die der Landespolizeibehörde des Entlassungsortes zustehenden Befugnisse auf die Landespolizeibehörde des neuen Aufenthaltsortes über.

Inwieweit die Landespolizeibehörde vor ihrer Beschlußfassung noch weitere Ermittelungen anstellen, insbesondere die Ortspolizeibehörde hören will, bleibt ihrem Ermessen mit der Maßgabe überlassen, daß vor Abänderung einer einmal getroffenen Entscheidung die Ortspolizeibehörde des Aufenthaltsortes des Verurteilten gehört werden muß.

§ 6. Die Stellung unter Polizeiaufsicht ist, soweit die Bestimmungen in § 3 dieser Instruktion nicht entgegenstehen, in der Regel mindestens auf die Dauer von 6 Monaten anzuordnen.

§ 7. Die Entscheidung der Landespolizeibehörde, welche die Stellung unter Polizeiaufsicht anordnet, ist dem Verurteilten schriftlich gegen Empfangsbescheinigung zu eröffnen. Die in der Entscheidung festgesetzte Zeit wird vom Tage der Beendigung der Freiheitsstrafe, und, wenn die Strafe schon beendigt ist, vom Tage der Eröffnung an berechnet. In der Entscheidung ist dem Verurteilten zugleich, unter Androhung einer Exekutivstrafe bis zur Höhe von 300 Mark, im Falle des Unvermögens einer Haftstrafe bis zu 4 Wochen für jeden Fall der Zuwiderhandlung, aufzugeben:

1. binnen 24 Stunden nach seinem Eintreffen an einem Orte, wo er sich länger als 24 Stunden aufhält, sich persönlich, oder wenn dieses ausnahmsweise aus besonderen Gründen, insbesondere wegen Krankheit, nicht möglich ist, schriftlich unter Angabe seiner Wohnung bei der Ortspolizeibehörde zu melden;
2. von jedem Wohnungswechsel innerhalb desselben Ortes binnen 24 Stunden, unter Angabe der neuen Wohnung, der Ortspolizeibehörde Nachricht zu geben;
3. falls er den Aufenthaltsort wechselt, innerhalb 24 Stunden vor dem Verlassen des bisherigen Aufenthaltsortes sich persönlich bei der Orts-

polizeibehörde abzumelden und hierbei den neuen Aufenthaltsort anzugeben.

§ 8. Die Entscheidung der Landespolizeibehörde kann zugleich die Bestimmung darüber enthalten:

1. ob und an welchen einzelnen Orten dem Verurteilten der Aufenthalt untersagt,
2. ob ein verurteilter Ausländer aus dem Bundesgebiet ausgewiesen werden soll.

Ist eine Bestimmung dieser Art in der Entscheidung selbst nicht erfolgt, so kann dieselbe während der Dauer der Polizeiaufsicht jederzeit nachgeholt werden.

Angehörige der Staaten des Deutschen Reichs werden als Ausländer nicht angesehen.

Als Bundesgebiet gilt das Gebiet sämtlicher zum Deutschen Reiche vereinigter Staaten.

§ 9. Solange der Verurteilte einer geordneten Fürsorge untersteht, sind alle Maßregeln, welche geeignet sind, ihm eine geordnete Tätigkeit zu erschweren, wie z. B. Erkundigungen nach ihm durch Polizeibeamte, unbedingt zu vermeiden.

Die Polizeibehörden haben von Zeit zu Zeit bei den Fürsorgeorganen anzufragen, ob der Verurteilte der Fürsorge noch untersteht. Die Fürsorgeorgane werden ihrerseits von dem Eintritt und der Beendigung der Fürsorge den Polizeibehörden Kenntnis geben.

§ 10. Die Ausführung der von der Landespolizeibehörde angeordneten Polizeiaufsicht, einschließlich der Festsetzung der nach § 7 angedrohten Exekutivstrafen, liegt der Ortspolizeibehörde des jeweiligen Aufenthaltsortes des Verpflichteten ob, welche hierbei von den vorgesetzten Polizeibehörden zu überwachen ist.

Zuwiderhandlungen des Verurteilten gegen die ihm infolge der Stellung unter Polizeiaufsicht auferlegten Beschränkungen (§ 8) sind in Gemäßheit des § 361 Nr. 1 des RStG. zu verfolgen.

§ 11. Über die Art und Weise, in welcher die infolge der Stellung unter Polizeiaufsicht gegen einen Ausländer angeordnete Verweisung aus dem Bundesgebiete zur Ausführung zu bringen ist, hat die Landespolizeibehörde in jedem Falle besondere Bestimmung zu treffen. Die durch die Ausführung der Maßregel entstehenden Kosten, insbesondere die etwaigen Kosten des Transportes und der zum Zwecke desselben erforderlichen Detention, werden auf die allgemeinen Polizeifonds übernommen."

Für Sachsen gilt die inhaltlich gleichlautende Ministerialverordnung vom 15. März 1910 (GVBl. S. 39) und für Württemberg die Ministerialverfügung vom 16. Januar 1872 (RegBl. S. 5), für Bayern die Ministerialbekanntmachung vom 25. Februar 1872 (JMBl. S. 93).

Eine wesentliche Folge der Polizeiaufsicht sind die Aufenthaltsbeschränkungen. Um zu vermeiden, daß Verbrecher sich nur noch den Großstädten zuwenden, hat das preußische Ministerium des Innern Bestimmungen getroffen, die eine möglichste Fernhaltung bestrafter Personen von Berlin und anderen

Großstädten bezwecken, vgl. z. B. den Erlaß vom 14. Dezember 1860 (MBl. 1861 S. 11), Erlaß vom 6. Juli 1904.

Zur Erleichterung der Handhabung dieser Bestimmungen hat das preußische Ministerium des Innern durch Erlaß vom 4. Februar 1907 (IV c. 3043) nachfolgende Richtlinien gegeben, die von allgemeinem Wert für diese Frage sind.

Die Prüfung der Verhältnisse jedes Einzelfalles ist um deswillen notwendig, weil das Andrängen der bestraften Elemente nach Berlin und den großen Städten überhaupt auf durchaus verschiedenen Motiven beruht. Während ein Teil die Großstadt aufsucht, weil dort die erleichterte Geheimhaltung der erfolgten Bestrafung und der größere Arbeitsmarkt die Aussichten einer neuen und ehrlichen Existenzbegründung verbessern, sammeln sich andere Elemente in den großen Zentren, weil sie deren Boden für weitere verbrecherische Unternehmungen für besonders günstig halten. Aus diesen Tatsachen erwächst der Polizei die doppelte Aufgabe, einmal alle Maßregeln zu vermeiden, welche die Rehabilitierungsversuche der einen stören, anderseits aber auch die Ansammlung solcher Elemente zu verhindern, welche wegen andauernder verbrecherischer Gesinnung gerade in den Großstädten besonders gefährlich sind. So wenig es möglich ist, allgemein zu bestimmen, welche Kategorien von bestraften Personen zu den letzteren zu rechnen sind, so ist doch aus diesen Erwägungen für die Handhabung der Ausweisungsbefugnis in Großstädten — mag sie sich nun auf den durch das Freizügigkeitsgesetz aufrechterhaltenen § 2 des Gesetzes vom 31. Dezember 1842[1]) oder auf den § 39 des RStG. stützen — folgende allgemeine Richtschnur zu entnehmen:

Es handelt sich nicht schlechthin darum, alle bestraften Personen, welche an sich unter die angezogenen Gesetzesbestimmungen fallen, von den Großstädten überhaupt fernzuhalten, vielmehr kommen nur Personen in Betracht, deren ungebrochene verbrecherische Neigung auf solche gemeingefährliche Handlungen gerichtet ist, zu deren Begehung die Eigenart der großstädtischen Verhältnisse einerseits einen besonderen Anreiz gibt, und deren Entdeckung andrerseits durch diese Eigenart in besonderem Maße erschwert wird. Als solche Handlungen kommen insonderheit in Betracht: Sittlichkeitsverbrechen, perverse geschlechtliche Handlungen, Roheitsdelikte und gewisse gefährliche Eigentumsverbrechen. (Daneben darf speziell in Berlin als der Landeshauptstadt nicht etwa eine unverhältnismäßige Ansammlung größerer Massen von persönlich als besonders gefährlich erkannten Verbrechern geduldet werden.)

Eine zutreffende Entscheidung darüber, ob hiernach im einzelnen Falle die Ausweisung überhaupt in Erwägung zu ziehen und bejahendenfalls, ob trotzdem

[1]) Siehe die beiden Grundbestimmungen des Gesetzes weiter unten.

von ihr abzusehen ist, weil bei dem Betreffenden der ehrliche Wille der Rückkehr in geordnete Verhältnisse angenommen werden kann, wird nur auf Grund sorgfältigster Prüfung der konkreten Verhältnisse getroffen werden können. Zu dem Zwecke sind alle Mittel heranzuziehen, welche ein Urteil über die Individualität des Betreffenden ermöglichen. In allen Fällen sind deshalb vor der Entscheidung nicht nur die Strafakten, sondern auch die Akten der Strafanstalt einzusehen, auch sind Erkundigungen über die Persönlichkeit des Betreffenden von demjenigen Orte einzuziehen, an dem er etwa inzwischen nach Verbüßung seiner Strafen Aufenthalt genommen hatte.

Besonderes Gewicht ist des weiteren darauf zu legen, ob der Bestrafte an dem Orte, für den die Ausweisung etwa in Aussicht genommen wird, Anschluß an zuverlässige Angehörige oder angemessene und voraussichtlich dauernde Arbeitsgelegenheit gefunden und einen geordneten Hausstand begründet hat. Insonderheit diese Ermittlungen sind durchaus vorsichtig anzustellen, damit nicht etwa die angeknüpften, der Rehabilitierung günstigen Beziehungen gerade durch die polizeilichen Nachfragen unterbrochen werden[1]).

Endlich ist allemal festzustellen, ob sich der Bestrafte unter die Aufsicht eines Fürsorgevereins gestellt hat, gegebenenfalls ist er hierzu direkt oder durch

[1]) Später wurde angeordnet, daß die unter polizeiliche Aufsicht gestellten Personen weder auf ihren Arbeitsstellen, noch in ihren Wohnungen kontrolliert werden dürfen.

Vermittlung des Fürsorgevereins anzuregen. Personen, die sich unter solche Aufsicht gestellt haben, sind der Regel nach nicht auszuweisen; ingleichen sind mit der Ausweisung im allgemeinen solche Personen zu verschonen, bei denen wegen des Anschlusses an zuverlässige Angehörige, des Eingehens geordneter Arbeitsverhältnisse usw. angenommen werden darf, daß sie entschlossen sind, sich vom verbrecherischen Wege abzukehren.

Da nach dem Urteil des Oberverwaltungsgerichts vom 20. April 1900 eine bedingte Ausweisung auf Grund des Gesetzes vom 31. Dezember 1842 unzulässig ist, wird, wofern das Strafurteil dies zuläßt, die Polizeiaufsicht zu verhängen sein (§ 3 der Instruktion vom 30. 6. 1900; siehe oben). Dem entlassenen Sträfling ist dann bei seinem Zuzuge zu eröffnen, daß ihm bei schlechter Führung oder bei Nichterfüllung der ihm infolge der Polizeiaufsicht obliegenden Verpflichtungen der fernere Aufenthalt untersagt werden würde. Entsprechend ist zu verfahren, wenn ein bereits unter Polizeiaufsicht Gestellter neu zuzieht. Die Aufenthaltsverweigerung ist nur so lange wirksam, wie die Stellung unter Polizeiaufsicht dauert. Ist der Aufenthalt versagt worden, zieht aber die betreffende Person späterhin wieder neu zu, so kann im Bedarfsfalle demnächst das Verfahren auf Grund des Gesetzes vom 31. Dezember 1842 eingeleitet werden.

Das oben wiederholt zitierte preußische (Heimat-)Gesetz vom 31. Dezember 1842 enthält folgende Grundbestimmungen:

§ 1. Keinem selbständigen preußischen Untertan darf an dem Orte, wo er eine eigene Wohnung oder ein Unterkommen sich selbst zu verschaffen imstande ist, der Aufenthalt verweigert oder durch lästige Bedingungen erschwert werden.

§ 2. Ausnahmen hiervon finden statt, wenn die Landespolizeibehörde nötig findet, einen entlassenen Sträfling von dem Aufenthalt an gewissen Orten auszuschließen. Hierzu ist die Landespolizei jedoch nur in Ansehung solcher Sträflinge befugt, welche zu Zuchthaus oder wegen eines Verbrechens, wodurch der Täter sich als einen für die öffentliche Sicherheit und Moralität gefährlichen Menschen darstellt, zu irgendeiner anderen Strafe verurteilt wurden.

* * *

Durch die Mitarbeit der Gefangenen-Fürsorgevereine kann die an sich schwierige Aufgabe der Polizeiaufsicht erleichtert und gemildert werden, zumal manche infolge ungleichmäßiger Durchführung eintretende Härten die Polizeiaufsicht sehr wenig beliebt gemacht haben. Im neuen Strafgesetzentwurf vom Jahre 1919 hat man die Beseitigung der Maßregel der Polizeiaufsicht vorgeschlagen und als Ersatz dafür (im § 103) das Aufenthaltsverbot eingeführt.

2. Die Überweisung in eine Erziehungs- oder Besserungsanstalt.

Ein Angeschuldigter, der zu einer Zeit, als er das 12., aber nicht das 18. Lebensjahr vollendet hatte, eine strafbare Handlung begangen hat, ist freizusprechen, wenn er bei Begehung derselben die zur Erkenntnis ihrer Strafbarkeit erforderliche Einsicht nicht besaß. So bestimmt das Strafgesetz im ersten Absatz des § 56. Der Absatz 2 bestimmt dann des näheren, was mit einem solchen jugendlichen Delinquenten zu geschehen habe: In dem Urteil ist zu bestimmen, ob der Angeschuldigte seiner Familie oder in eine Erziehungs- oder Besserungsanstalt gebracht werden soll. In der Anstalt ist er so lange zu behalten, als die der Anstalt vorgesetzte Verwaltungsbehörde solches für erforderlich erachtet, jedoch nicht über das vollendete 20. Lebensjahr.

Das preußische Gesetz über die Fürsorgeerziehung Minderjähriger vom 2. Juli 1900 (nebst Ausführungsbestimmungen vom 18. Dezember 1900) regelt das Verfahren der Unterbringung in die Erziehungs- oder Besserungsanstalt, bei der die Polizeibehörden mitzuwirken haben. Die Grundbestimmung enthält der § 1 des erwähnten Gesetzes, der hier im Wortlaut wiedergegeben wird: Ein Minderjähriger, welcher das 18. Lebensjahr noch nicht vollendet hat, kann der Fürsorgeerziehung überwiesen werden:

1. wenn die Voraussetzungen des § 1666 oder des § 1838 des Bürgerlichen Gesetzbuches vorliegen und die Fürsorgeerziehung erforderlich ist, um die Verwahrlosung des Minderjährigen zu verhüten;
2. wenn der Minderjährige eine strafbare Handlung begangen hat, wegen der er in Anbetracht seines

jugendlichen Alters strafrechtlich nicht verfolgt werden kann, und die Fürsorgeerziehung mit Rücksicht auf die Beschaffenheit der Handlung, die Persönlichkeit der Eltern oder sonstigen Erzieher und die übrigen Lebensverhältnisse zur Verhütung weiterer sittlicher Verwahrlosung des Minderjährigen erforderlich ist;

3. wenn die Fürsorgeerziehung außer diesen Fällen wegen Unzulänglichkeit der erziehlichen Einwirkung der Eltern oder sonstigen Erzieher oder der Schule zur Verhütung des völligen sittlichen Verderbens des Minderjährigen notwendig ist.

Ziffer 2 dieses Paragraphen bezieht sich eigentlich nur auf die absolut Strafunmündigen des § 55 StGB., also auf Kinder, die zur Zeit der Straftat das zwölfte Lebensjahr noch nicht vollendet haben. Gegen diese können die zur Besserung und Beaufsichtigung geeigneten Maßregeln getroffen werden. Insbesondere kann die Unterbringung in eine Erziehungs- oder Besserungsanstalt erfolgen, nachdem durch Beschluß der Vormundschaftsbehörde die Begehung der Handlung festgestellt und die Unterbringung für zulässig erklärt ist. Im gleichen Sinne spricht sich auch der § 3 des Fürsorgegesetzes aus. Die Fürsorgeerziehung bezieht sich aber nicht nur auf die absolut Strafunmündigen des § 55 StGB., sondern in analoger Weise auch auf die relativ Strafunmündigen des § 56 StGB.

Das Vormundschaftsgericht beschließt von Amts wegen oder auf behördlichen Antrag. Bei Gefahr im

Verzuge kann das Vormundschaftsgericht eine vorläufige Unterbringung des Minderjährigen anordnen. Die Polizeibehörde des Aufenthaltsortes hat in diesem Falle für die Unterbringung des Minderjährigen in einer Anstalt oder in einer geeigneten Familie zu sorgen (§ 5 FG.).

Nach § 14 FG. haben die Provinzial- bzw. Bezirksverbände (sowie der Stadtkreis Berlin) für die Errichtung von Erziehungs- und Besserungsanstalten zu sorgen, soweit es an Gelegenheit fehlt, die Zöglinge in geeigneten Familien sowie in öffentlichen, kirchlichen oder privaten Anstalten, nicht aber in Arbeits- und Landarmenhäusern, unterzubringen.

Da unter Verwahrlosung nicht nur die sittliche, sondern auch die geistige und körperliche zu verstehen ist, so gehören unter die Ziffer 1 (des § 1 FG.) alle die Fälle, in denen Eltern ihre Kinder mißhandeln, ihnen die körperliche Pflege versagen, sie zu überanstrengenden, der leiblichen und geistigen Entwicklung schädlichen Arbeiten zwingen, sie in einer die Zwecke der Schule gefährdenden Weise vom Schulbesuche abhalten, die ihnen gebotene Gelegenheit zur Pflege und zum Unterrichte ihrer nicht vollsinnigen Kinder hartnäckig zurückweisen oder sie vom Verkehr mit verbrecherischen Personen und der Begehung von Straftaten nicht abhalten. Das gleiche gilt, wenn der Vater oder die Mutter der Trunksucht, Landstreicherei, Bettelei, des gewohnheitsmäßigen Diebstahls, der Gewerbsunzucht, Kuppelei oder eines anderen ehrlosen

Verhaltens sich schuldig machen. Für Ziffer 3 (des § 1 FG.) werden besonders die Minderjährigen in Frage kommen, die sich der Aufsicht der Eltern und Erzieher entziehen oder widersetzen, gegen deren Willen in schlechter Gesellschaft sich bewegen, wo sie Anreizung zu lüderlichem Leben und zur Begehung von Straftaten finden; weibliche Minderjährige, die der Gewerbsunzucht sich ergeben haben oder ihr zu verfallen drohen. (So erläutern die Ausführungsbestimmungen.)

Die Polizei- und Gemeindeorgane, die Waisenräte und Armenpfleger haben den zur Stellung des Antrages verpflichteten Behörden alle die Fälle zur Kenntnis zu bringen, in denen Kinder von Eltern und Erziehern mißhandelt, vernachlässigt oder körperlich oder geistig verwahrlost werden, wenn Minderjährige eine strafbare Handlung begangen haben oder sich einem ungeordneten, lüderlichen Lebenswandel ergeben, dem zu wehren die Kirche, die Schule und das Elternhaus machtlos sind. Ganz besonders sind Geistliche, Ärzte und Lehrer berufen, da, wo ihnen auf Grund dieses Gesetzes die Anordnung der Fürsorgeerziehung notwendig erscheint, die geeigneten Anträge zu stellen.

Es ist, wie die Ausführungsbestimmungen zum Fürsorgegesetz weiter sagen, dahin zu wirken, daß bei den Anzeigen und Mitteilungen die den Antrag begründenden Tatsachen bestimmt bezeichnet und, soweit möglich, die erforderlichen Beweismittel und Zeugen angegeben werden. Die Anzeigen und Mitteilungen sind rechtzeitig, d. h. nicht erst bei vorgeschrittener, sondern schon bei beginnender Verwahrlosung zu machen, weil dann die Fürsorgeerziehung am meisten Aussicht auf Erfolg hat.

Die Vorsteher der Gefängnisse, in denen jugendliche Verurteilte ihre Strafe verbüßen, haben mit der Konferenz der Oberbeamten, zu denen der Geistliche, der Arzt und der Lehrer gehören, oder, wo solche Konferenzen nicht bestehen, mit dem Anstaltsgeistlichen und Lehrer zu erörtern, ob die Fürsorgeerziehung für einen Jugendlichen nach verbüßter Strafe notwendig erscheint. Bejahendenfalls ist der Konferenzbeschluß oder das Gutachten mit den Akten der zuständigen Behörde so rechtzeitig mitzuteilen, daß womöglich das Verfahren vor Ablauf der Strafe beendigt sein und die Unterbringung zur Fürsorge sich unmittelbar an die Verbüßung der Strafe anschließen kann.

Die Staatsanwaltschaften werden die zu ihrer Kenntnis kommenden Fälle, in denen nach ihrer Ansicht ein Anlaß zur Fürsorgeerziehung vorliegt, den zur Antragstellung berechtigten Behörden unter Beifügung der Akten mitteilen.

Der Landrat (bzw. Gemeindevorstand, Polizeipräsident) hat, sobald ihm der Beschluß des Vormundschaftsgerichts auf Überweisung zur Fürsorgeerziehung zugestellt ist, dem Landesdirektor (bzw. Landeshauptmann) des zur Unterbringung verpflichteten Kommunalverbandes (in Berlin dem Magistrat) unverzüglich eine Mitteilung über die persönlichen, häuslichen und wirtschaftlichen Verhältnisse des Überwiesenen zu machen, worin er sich zugleich gutachtlich darüber äußert, ob die Unterbringung in einer Familie oder in einer Anstalt zweckmäßiger erscheint.

Die Überführung des Zöglings in die vom Kommunalverband zu seiner Aufnahme bestimmte Familie oder Anstalt hat die Polizeibehörde des Aufenthaltsortes zu veranlassen. Die Begleiter sind mit besonderer Sorgfalt auszuwählen; weibliche Zöglinge sind in der Regel durch weibliche Begleiter zu überführen.

Die Verwendung des Zöglings in Fabriken und ähnlichen Betrieben ist nicht zulässig, bei der Hausindustrie nur mit Genehmigung des Fürsorgers zuzulassen. Ist der Zögling noch schulpflichtig, so ist die Schulbehörde zu benachrichtigen und festzustellen, daß die Aufnahme des Zöglings in die Volksschule gesichert ist.

Das Fürsorgegesetz enthält auch eine Strafbestimmung im § 21, der lautet:

Wer, abgesehen von den Fällen der §§ 120, 235 des StGB., einen Minderjährigen, bezüglich dessen das gerichtliche Verfahren auf Unterbringung zur Fürsorgeerziehung eingeleitet oder die Unterbringung zur Fürsorgeerziehung angeordnet ist, dem Verfahren oder der angeordneten Fürsorgeerziehung entzieht, oder ihn verleitet, sich dem Verfahren oder der Fürsorgeerziehung zu entziehen, oder wer ihm hierzu vorsätzlich behilflich ist, wird mit Gefängnis bis zu zwei Jahren und mit Geldstrafe bis zu 1000 Mark oder mit einer dieser Strafen bestraft. — Der Versuch ist strafbar.

Ähnliche Bestimmungen, wie das preußische Fürsorgegesetz, enthalten: das bayerische Zwangserziehungsgesetz vom 10. Mai 1902 (GVBl. S. 180), in Württemberg das Gesetz vom 29. Dezember 1899 (RegBl. S. 1284) und das Gesetz vom 11. November 1905 (RegBl. S. 290), in Baden das Gesetz vom 4. Mai 1886 bzw. vom 16. August 1900 (GVBl. S. 1022) nebst Vollziehungsverordnung vom 6. Februar 1906 (GVBl. S. 43). In Sachsen können auch Minderjährige über 18 Jahre der Fürsorgeerziehung überweisen werden.

Dem großen und schwierigen, aber dankenswerten Aufgabenkreise der Jugendfürsorge haben sich auch private Verbände und Vereine zugewendet; hervorzuheben ist die am 23. April 1907 in Berlin gegründete „Deutsche Zentrale für Jugendfürsorge", die für Bestrebungen jeder Art und Richtung auf dem Gebiete der Jugendfürsorge in Deutschland einen fördernden und einigenden Mittelpunkt bildet. Einige ihrer praktischen Hauptaufgaben sind: die Vermittlung zwischen Fürsorgevereinen oder Privatpersonen und den Behörden, welche bei der Anwendung der gesetzlichen Bestimmungen zum Schutze der Jugend in Tätigkeit treten, ferner Darbietung ihrer Erfahrungen, Übernahme von Ermittlungen und sonstige Unterstützung der Behörden, insbesondere der Vormundschaftsgerichte, Abhaltung von Jugendfürsorgekonferenzen zwischen Vertretern der in Frage kommenden Behörden und der freien Liebestätigkeit.

3. Die Überweisung an die Landespolizeibehörde.

Neben der Verurteilung zur Haft wegen der im § 361 Ziffer 3—8 StGB. bedrohten Übertretungen, — es handelt sich hier um Landstreicher, Bettler, Vernachlässigung der Unterhaltspflicht infolge Spiels, Trunkes oder Müßiggangs, ferner um Gewerbsunzucht, Arbeitsscheu und Nichtbeschaffung eines Unterkommens, sowie neben der Verurteilung wegen Zuhälterei (§ 181a) und wegen gewerbsmäßigen Glücksspiels (§ 285a StGB.) — kann auf Überweisung an die Landespolizeibehörde erkannt werden. Durch die nach verbüßter Strafe in Kraft tretende Überweisung erhält (gemäß § 362 Abs. 3 StGB.) die Landespolizeibehörde die Befugnis, die verurteilte Person bis zu zwei Jahren entweder in ein Arbeitshaus unterzubringen oder zu gemeinnützigen Arbeiten zu verwenden. Im Falle des § 361 Ziffer 6 (Gewerbsunzucht) kann die Landespolizeibehörde die verurteilte Person statt in ein Arbeitshaus in eine Besserungs- oder Erziehungsanstalt oder in ein Asyl unterbringen. Im Falle des § 361 Ziffer 4 (Bettel) ist die Überweisung jedoch nur dann zulässig, wenn der Verurteilte in den letzten drei Jahren wegen dieser Übertretung mehrmals rechtskräftig verurteilt worden ist, oder wenn derselbe unter Drohungen oder mit Waffen gebettelt hat. Die Unterbringung in ein Arbeitshaus ist unzulässig, wenn die verurteilte Person zur Zeit der Verurteilung das 18. Lebensjahr noch nicht vollendet hat. Werden Minderjährige vor vollendetem 18. Lebensjahre auf

Grund des § 362 StGB. der Landespolizeibehörde überwiesen, so haben die Regierungspräsidenten (gemäß Ausführungsbestimmungen zum Fürsorgegesetz) die zuständigen Behörden anzuweisen, den Antrag auf Fürsorgeerziehung zu stellen, wenn in anderer Weise die Unterbringung des Minderjährigen in einer Erziehungs- oder Besserungsanstalt oder in einem Asyl nicht sichergestellt werden kann.

Gegen Ausländer kann neben oder an Stelle der Unterbringung in einem Arbeitshaus gemäß § 362 Abs. 4 StGB. Verweisung aus dem Bundesgebiet eintreten.

Der juristische Charakter dieser Maßregel, auch als Nachhaft, Korrektionshaft oder korrektionelle Nachhaft bezeichnet, ist strittig. Die einen sehen sie als reine polizeiliche Maßregel an, die anderen, denen sich auch das Reichsgericht angeschlossen hat, aber als eine Nebenstrafe.

Der Strafgesetzentwurf 1919 hat eine Änderung der korrektionellen Nachhaft vorgeschlagen; die Unterbringung in einem Arbeitshause soll nur gegen Arbeitsfähige und nur bei solchen strafbaren Handlungen zulässig sein, bei denen das Gesetz diese Maßregel ausdrücklich vorsieht. Der Entwurf schreibt auch vor, daß (nicht wie bisher die Landespolizeibehörde, sondern) das Gericht selbst über die Notwendigkeit der Unterbringung und deren Dauer entscheidet, und daß die Landespolizeibehörde die Anordnung des Gerichts ausführen muß. In der Begründung wird gesagt, daß dem Gericht nicht nur die gleichen Erkenntnisquellen wie der Verwaltungsbehörde zu Gebote stehen, sondern daß es seine Entscheidung auch noch auf Grund des unmittelbaren Eindrucks der Hauptverhandlung fälle.

4. Die Verweisung aus dem Bundesgebiet.

Die Ausweisung aus dem Reichsgebiet ist eine von der Landespolizeibehörde gegen Ausländer, gegen die auf Zulässigkeit der Polizeiaufsicht erkannt wurde, gemäß § 39 Ziffer 2 StGB. auszuübende Maßregel, die auch den Charakter einer Nebenstrafe hat. Sie ist auch gegen ausländische gewerbsmäßige Glücksspieler auf Grund des § 285a Abs. 2 StGB. vorgesehen und kann schließlich an Stelle oder neben der Überweisung an die Landespolizeibehörde und Unterbringung in einem Arbeitshaus gemäß § 362 Abs. 4 gegen Ausländer ausgesprochen werden.

Das Wesentliche hierbei ist, daß die Landespolizei den verurteilten Ausländer nicht bloß aus ihrem eigenen Landesgebiete, sondern aus dem ganzen Reichsgebiete ausweisen kann (in allen anderen Fällen jedoch nur aus dem Landesgebiet).

Die Dauer der Ausweisung richtet sich nach der Dauer der Polizeiaufsicht, sofern § 39 Ziffer 2 in Frage kommt; doch ist im preußischen Justizministerialblatt 1873 Seite 282 eine gegenteilige Ansicht vertreten worden. Aus dem Gebiete des Einzelstaates kann die Verweisung auf unbestimmte Zeit, also auch für immer erfolgen, weil sie hier nicht eine Folge der Polizeiaufsicht zu sein braucht; denn die Ausweisung von Ausländern ist schon nach völkerrechtlichen Grundsätzen zulässig, da keinem Ausländer das Recht zusteht, sich im Inland aufzuhalten, sondern er nur ein Gastrecht genießt. Eine Ausnahme machen nur die Exterritorialen, welche der inländischen Gerichtsbarkeit nicht unterliegen, also von keinem deutschen Gericht und keiner deutschen Polizeibehörde bestraft oder verhaftet, auch nicht Pfändungen unterworfen werden können (vgl. §§ 18, 19 d. GerichtsverfassGes.).

Aus dem Landesgebiet können Ausländer „im Interesse der öffentlichen Sicherheit, Ordnung und Ruhe" ausgewiesen werden, also auch, wenn sie z. B. gegen Paß- und Meldevorschriften verstoßen. Ausländerinnen, die Gewerbsunzucht treiben, sind auszuweisen. (Min. Erl. vom 22. Januar 1910, M. Bl. S. 31.) Das Ausweisungsrecht steht außer den Landespolizeibehörden auch den Ortspolizeibehörden zu.

Angehörige des Deutschen Reiches können aus dem Reichsgebiet niemals, aus einem Bundesstaat nur dann ausgewiesen werden, wenn ihnen auf Grund des § 39 Ziffer 1 (Polizeiaufsicht) in einem anderen Bundesstaate der Aufenthalt an bestimmten Orten untersagt ist[1]) (vgl. § 3 des Freizügigkeitsgesetzes vom 1. November 1867). Im übrigen genießen nach Art. 111

[1]) Vgl. auch das Verbot der Auslieferung eines Deutschen an eine ausländische Regierung (§ 9 StGB. und Art. 112 der Reichsverfassung).

der Reichsverfassung alle Deutschen Freizügigkeit im ganzen Reiche.

Die im § 362 StGB. erwähnten Befugnisse werden durch die Landespolizeibehörden desjenigen Bundesstaates ausgeübt, in welchem die Verurteilung erfolgt ist. Wer nach der Ausweisung aus dem Reichsgebiet oder aus dem Gebiete eines Bundesstaates ohne Erlaubnis zurückkehrt, wird nach § 361 Ziffer 2 mit Haft bestraft.

Der Strafgesetzentwurf 1919 bestimmt in § 104 Abs. 1: Einen Ausländer, gegen den Aufenthaltsverbot zugelassen ist, kann die Landespolizeibehörde innerhalb der bestimmten Frist aus dem Reichsgebiet ausweisen. (Hier handelt es sich also nur um eine befristete Verweisung eines Ausländers aus dem Reichsgebiet.)

B. Die Bestimmungen der Strafprozeßordnung über die Tätigkeit der Polizei.

1. Die Zuständigkeit der Polizeibeamten.

Die Polizeibeamten sind in Ansehung des Strafverfahrens nur Hilfsorgane. Das ergibt sich aus der Bestimmung des § 153 des Gerichtsverfassungsgesetzes, der lautet:

Die Beamten des Polizei- und Sicherheitsdienstes sind Hilfsbeamte der Staatsanwaltschaft und sind in dieser Eigenschaft verpflichtet, den Anordnungen der Staatsanwälte bei dem Landgerichte ihres Bezirks und der diesen vorgesetzten Beamten Folge zu leisten[1]).

Die nähere Bezeichnung derjenigen Beamtenklassen, auf welche diese Bestimmung Anwendung findet, erfolgt durch die Landesregierungen[2]).

---

[1]) Der Reichstag hat nach der RVerf. das Recht, aus gewissen — nicht näher bestimmten — Anlässen Untersuchungsausschüsse einzusetzen, die nach den Vorschriften der Strafprozeßordnung Ermittelungen und Beweiserhebungen anstellen können. Die Gerichte und Verwaltungsbehörden sind verpflichtet, dem Ersuchen dieser Ausschüsse um Beweiserhebungen Folge zu leisten und ihnen, soweit § 96 StPO. nicht entgegensteht, amtliche Akten auf Verlangen vorzulegen.

[2]) Die in Preußen als Hilfsbeamte der Staatsanwaltschaft bestimmten Beamtenklassen sind von Genzmer,

Die sachliche Zuständigkeit der Kriminalpolizei, auch gerichtliche Polizei bezeichnet, richtet sich nach der sachlichen Zuständigkeit der Staatsanwaltschaften. Da die Kriminalbeamten deren Hilfsorgane sind, liegt das Schwergewicht ihrer Obliegenheiten in der Vorbereitung der öffentlichen Klage, die im zweiten Buch, 2. Abschnitt der Strafprozeßordnung näher behandelt wird. Die grundlegende Bestimmung ihrer Tätigkeit zeigt uns der § 161, der sagt: Die Behörden und Beamten des Polizei- und Sicherheitsdienstes haben strafbare Handlungen zu erforschen und alle keinen Aufschub gestattenden Anordnungen zu treffen, um die Verdunkelung der Sache zu verhüten.

Sie übersenden ihre Verhandlungen ohne Verzug der Staatsanwaltschaft. Erscheint die schleunige Vornahme richterlicher Untersuchungshandlungen erforderlich, so kann die Übersendung unmittelbar an den Amtsrichter erfolgen.

Zu den von der Polizei auf eigene Entschließung zu treffenden Anordnungen gehören in erster Linie die der Beweissicherung dienenden Maßregeln, wie Beschlagnahme und Sicherstellung von Beweismitteln, Ermittlung des Täters und seine verantwortliche Vernehmung, seine Festnahme, Durchsuchungen, auch Vernehmungen von Zeugen und Sachverständigen.

Die Tätigkeit der Polizei in Strafsachen (Berlin 1919), S. 8ff. aufgeführt; ebenso in Retzlaffs Polizeihandbuch, 28. Jahrgang (1922) S. 868; die hauptsächlichsten werden unter 3b γ dieses Abschnitts aufgeführt.

Der Ortspolizeibehörde steht die Befugnis zu, die zu vernehmenden Personen eines Strafverfahrens vorzuladen und ihr Erscheinen durch Androhung der im § 132 des pr. Landesverwaltungsgesetzes vom 30. Juli 1883 vorgesehenen Zwangsmittel zu erzwingen[1]. Die dagegen erhobenen Beschwerden sind an die zuständige Staatsanwaltschaft zur Entscheidung abzugeben. Dagegen stehen der Polizeibehörde nicht (wie dem Gericht) Zwangsmittel zur Erlangung von Aussagen der Zeugen und Auskunftspersonen zu.

2. Strafanzeige und Strafantrag.

Regelmäßig wird ein Strafverfahren durch eine Strafanzeige oder einen Strafantrag eingeleitet. Solche Anzeigen oder „Anträge auf Strafverfolgung" können gemäß § 156 StPO. bei der Staatsanwaltschaft, den Behörden und Beamten des Polizei- und Sicherheitsdienstes und den Amtsgerichten mündlich oder schriftlich angebracht werden. Mündliche Anzeigen sind zu beurkunden.

Bei strafbaren Handlungen, deren Verfolgung nur auf Antrag eintritt, muß der Antrag bei einem Gericht oder der Staatsanwaltschaft schriftlich oder zu Protokoll, bei einer anderen Behörde schriftlich angebracht werden. Die Schriftlichkeit des Strafantrages bedingt die Unterzeichnung des Schriftstückes durch den Antragsteller,

[1]) Geldstrafen und unmittelbarer Zwang (Sistierung zur Amtsstelle).

nicht aber die ganze eigenhändige Niederschrift des Antrages. Unter Umständen genügt (bei Schreibunkundigen) auch die Unterkreuzung oder Unterstempelung eines Strafantrages, wenn sie in Verbindung mit dem sonstigen Inhalt des Schriftstückes zum Ausdruck bringt, daß dieser dem wirklichen Willen des Antragstellers entspricht. Zulässig ist auch ein von einem Dritten im Antrage des Berechtigten geschriebener und mit dessen Namen unterschriebener Strafantrag (Reichsgerichtsurteil vom 24. 2. 82, RE. Bd. 6, S. 69). Vgl. hierzu noch die Reichsgerichtsurteile vom 10. Dezember 1880, vom 21. und 29. März 1881, vom 6. Mai 1881 sowie vom 3. Februar 1888. Auch ein telegraphisch gestellter Strafantrag ist ein im Sinne des § 156 schriftlicher (RGE. v. 16. 10. 84; Bd. 6, 624). Selbstverständlich ist es ratsam, durch Einholen der eigenhändigen Unterschrift des Antragstellers jeden späteren Zweifel auszuschließen[1]).

Die Antragsdelikte des Strafgesetzbuches sind:

Beleidigung (§ 185), üble Nachrede (§ 186), Verleumdung (§ 187), Beleidigung eines Verstorbenen (§ 189), Beamtenbeleidung (§ 196);

Diebstahl, Unterschlagung, Betrug gegen Angehörige, Vormünder oder Erzieher des Täters (§ 247, § 263 Abs. 4);

---

[1]) Die Strafanzeige ist eine beweiserhebliche Urkunde im Sinne des § 267 StGB.

Diebstahl, Unterschlagung einer Sache von unbedeutendem Wert durch Lehrlinge oder Dienstboten (§ 247);

Diebstahl, Unterschlagung, Betrug bei geringwertigen Objekten aus Not (§§ 248a, 264a);

Mundraub, Futterdiebstahl (§ 370 Ziff. 5 u. 6);

Einfache, fahrlässige oder vorsätzliche Körperverletzung (§ 232);

Einfache Sachbeschädigung (§ 303);

Hausfriedensbruch (§ 123);

Eheerschleichung (§ 170);

Ehebruch (§ 172)[1]);

Verleitung zum Beischlaf unter Vorspiegelung einer Trauung (§ 179);

Verführung eines Mädchens im Alter von 14 bis 16 Jahren (§ 182);

Entführung (§§ 236, 237);

Beseitigung von Vermögensstücken zur Vereitelung der Zwangsvollstreckung (§ 288);

Wegnahme der eigenen oder einer fremden beweglichen Sache (zugunsten des Eigentümers) aus dem Gewahrsam des Nutznießers, Pfandgläubigers oder sonst Berechtigten (§ 289);

Unbefugte Jagdausübung durch einen Angehörigen des Jagdberechtigten (§ 292);

Unbefugte Brieferöffnung (§ 299);

[1]) Die Antragsfrist beginnt hier erst mit der Kenntnis von der Rechtskraft des Scheidungsurteils; Zurücknahme des Antrags ist nicht zulässig.

Unbefugte Verletzung von Privatgeheimnissen durch Rechtsanwälte, Ärzte, Hebammen, Apotheker usw. (§ 300);

Strafbarer Eigennutz gegenüber Minderjährigen (§§ 301, 302).

Antragsdelikte sind noch in den strafrechtlichen Nebengesetzen enthalten, z. B. im Urheberschutzgesetz, Gesetz zur Bekämpfung des unlauteren Wettbewerbes usw.; doch können sie hier nicht alle einzeln aufgeführt werden[1]).

Die bis zur Verkündung des Strafurteils zulässige (formlose) Zurücknahme des Strafantrages ist nur in den im Gesetz besonders bezeichneten Fällen möglich (§ 64).

Eine Bestimmung über die Form und gewisse Voraussetzungen einer Strafanzeige enthält das Gesetz nicht; daher kann auch auf Grund von anonymen oder pseudonymen Anzeigen ein Strafverfahren eingeleitet werden. Da es aber sehr oft vorkommt, daß anonyme Anzeigen falsche und verleumderische Angaben enthalten, ist bei der Anstellung von Ermittlungen in solchen Fällen Vorsicht und Schonung geboten. Stellt sich die Anzeige als falsch heraus, und bezweckt das anonyme Schreiben eine Schädigung oder Verleumdung des Angezeigten, so empfiehlt sich die Ermittlung des Schreibers dringend, um gegen ihn wegen

---

[1]) Beachte die durch das sogen. Entlastungsgesetz vom 11. 3. 1921 eingetretenen Veränderungen; siehe unter B, Kapitel 4 (Das Vorführungsverfahren), S. 76f.

wissentlich falscher Anschuldigung (§ 164) einschreiten und das schädliche anonyme Denunziantentum energisch bekämpfen zu können. Frühere Strafgesetze enthielten manchmal die Bestimmung, daß auf namenlose Anzeigen ein Strafverfahren nicht einzuleiten sei. Daß auch noch heute von manchen Regierungen dieser Standpunkt vertreten wird, ersieht man aus der nachfolgenden Bekanntmachung des bayerischen Gesamtministeriums vom 7. März 1922 (GVBl. Nr. 12 v. 17. 3. 22):

„Die Behörden werden angewiesen, anonyme Eingaben, Anzeigen und Beschwerden regelmäßig nicht weiter zu behandeln, sondern sie sofort ohne Rücksicht auf ihren Inhalt und die Behördenzuständigkeit den Einstampfsachen zuzuführen. Auch die Ministerien werden anonyme Schreiben, die bei ihnen einlaufen, sofort vernichten. Für die Bekanntgabe in den Tagesblättern ist Sorge zu tragen ..."

Ein Polizeibeamter, der die Verfolgung einer strafbaren Handlung unterläßt, und zwar in der Absicht, jemand der gesetzlichen Strafe rechtswidrig zu entziehen oder eine Handlung begeht, welche geeignet ist, eine Freisprechung oder eine dem Gesetze nicht entsprechende Bestrafung zu bewirken, macht sich nach § 346 StGB. strafbar (Amtsverbrechen!). Geschieht die Unterlassung ohne diese Absicht, aber immerhin schuldhaft, so wird er sich im Wege des Disziplinarverfahrens einer Strafe aussetzen. Nicht jede in Gegenwart eines Polizeibeamten gelegentlich, namentlich außerhalb seines Dienstes, von dritten Personen erwähnte strafbare Handlung kann unter die Verpflichtung der Strafverfolgung fallen, sondern in erster Linie nur die dem Beamten glaubhaft und in der Absicht der Strafverfolgung mitgeteilte strafbare Handlung[1]). Die aus § 346 hergeleitete Pflicht der Anzeigeerstattung bezieht sich auch auf polizeilich strafbare Handlungen (vgl. RGE. v. 18. 6. 12 u. Bd. 12, S. 161).

Daß der Polizeibeamte bei der Anzeigeerstattung aber nicht kleinlich und schikanös sein soll, ergibt sich z. B. auch aus einer Anweisung des preußischen Ministeriums des Innern vom Jahre 1897, in der es heißt: „Die Polizeibeamten haben sich vor kleinlicher Verfolgung und Schikanen zu hüten und ihren Ehrgeiz nicht darin zu suchen, durch möglichst viele Anzeigen von Übertretungen ihren Diensteifer betätigen zu wollen; vielmehr werden sie durch Belehrung und Verwarnung dahin zu wirken haben, daß Übertretungen der polizeilichen Verordnungen nach Möglichkeit vermieden werden."

Darüber, ob andere als Polizeibehörden und -beamte verpflichtet seien, über die zu ihrer amtlichen Kenntnis gelangenden strafbaren Handlungen der Staatsanwaltschaft Mitteilung zu machen, enthält die Strafprozeßordnung keine Vorschrift. Unberührt

[1]) Eine Überspannung dieser Verpflichtung müßte zu einer gesellschaftlichen Ächtung der Strafverfolgungsorgane führen.

bleibt selbstverständlich die gesetzliche Anzeigepflicht des § 139 StGB. (Verhütung gemeingefährlicher Verbrechen).

Sobald die Staatsanwaltschaft durch eine Anzeige oder auf anderem Wege, also z. B. außeramtlich, von dem Verdacht einer strafbaren Handlung Kenntnis erhält, hat sie behufs ihrer Entschließung darüber, ob die öffentliche Klage zu erheben sei, den Sachverhalt zu erforschen (§ 158 Abs. 1 StPO.). Nach herrschender Meinung ist ein Beamter der Staatsanwaltschaft, der z. B. bei einem Privatgespräch eine strafbare Handlung in Erfahrung bringt, im allgemeinen zum Einschreiten nicht verpflichtet; doch kann dies hinsichtlich schwerer Verbrechen wohl nicht gelten, wenn sie glaubhaft mitgeteilt werden.

Dem Staatsanwalt ist es zur Pflicht gemacht, nicht bloß die zur Belastung, sondern auch die zur Entlastung der Angezeigten dienenden Umstände zu ermitteln und für die Erhebung derjenigen Beweise Sorge zu tragen, derer Verlust zu besorgen steht (§ 158 Abs. 2 StPO.).

Für die Strafverfolgung besteht das sogenannte Legalitätsprinzip, d. h. die zur Erhebung der öffentlichen Klage berufene Staatsanwaltschaft ist grundsätzlich verpflichtet, wegen aller gerichtlich strafbaren und verfolgbaren Handlungen einzuschreiten, sofern zureichende tatsächliche Anhaltspunkte vorliegen (§ 152 StPO.). Ist die Staatsanwaltschaft von vornherein von der tatsächlichen Grundlosigkeit der Anzeige überzeugt, weil sie z. B. von einem notorischen Querulanten herrührt, so kann sie die Anzeige unbeachtet lassen. Um die Vorbereitung der öffentlichen Klage der Staatsanwaltschaft zu ermöglichen, ist eine weitgehende Auskunftspflicht aller öffentlichen Behörden im § 159 StPO. bestimmt worden; ebenso eine Unterstützungspflicht der Behörden und Beamten des Polizei- und Sicherheitsdienstes. Die Staatsanwaltschaft kann außerdem die erforderlichen Ermittlungen selbst vornehmen, doch steht ihr nicht das Recht eidlicher Vernehmung zu, die sich als eine dem Gericht vorbehaltene richterliche Handlung darstellt.

3. Die Feststellung des Tatbestandes strafbarer Handlungen.

Man unterscheidet hier den objektiven und den subjektiven Tatbestand einer strafbaren Handlung. Der objektive Tatbestand umfaßt alle bei der Straftat in Erscheinung tretenden äußeren Umstände, die je nach dem Delikt außerordentlich verschieden sein können. Die Feststellung und Ermittlung eines Verbrechens bedingt in erster Linie eine Sammlung und Sicherung der sichtbaren Verbrechensspuren, die eine Amtshandlung am Tatort notwendig macht.

Bei Amtshandlungen an Ort und Stelle[1]) ist der Beamte, welcher dieselben leitet, gleichgültig, ob es sich

[1]) D. h. am Tatort, im Gegensatz zur Amtsstelle.

um einen richterlichen oder nichtrichterlichen, um einen höheren oder niederen Beamten handelt, befugt, Personen, welche seine amtliche Tätigkeit vorsätzlich stören oder sich den von ihm innerhalb seiner Zuständigkeit getroffenen Anordnungen widersetzen, festnehmen und bis zur Beendigung seiner Amtsverrichtungen, jedoch nicht über den nächstfolgenden Tag hinaus festhalten zu lassen (§ 162 StPO.). Die Vorsätzlichkeit der Störung wird bei Nichtbeachtung einer vorausgehenden Verwarnung anzunehmen sein. Die Störung selbst kann aber auch in eine strafbare Handlung, z. B. Widerstand, Sachbeschädigung, Begünstigung durch Spurenverwischung oder Hilfeleistung bei der Flucht des vorläufig festgenommenen Täters, Gefangenenbefreiung usw., ausarten. Die Sicherung der Tatortspuren ist eine kriminaltechnische Aufgabe der Kriminalbeamten, die in kriminalistischen Lehrbüchern mehr oder weniger ausführlich erörtert wird[1]).

Um die dringlichen Aufgaben des sogenannten „ersten Angriffs“, namentlich auf dem Lande, wo ein Staatsanwalt nicht zur Verfügung steht, nicht zu vereiteln, ist im § 163 StPO. bestimmt, daß bei Gefahr im Verzuge der Amtsrichter die erforderlichen Untersuchungshandlungen von Amts wegen vorzunehmen hat. Insofern hat also auch der Amts-

---

[1]) Ich verweise auf die in meiner „Kriminalistischen Spurensicherung“ (J. Guttentag, Berlin 1917) dargestellten dienstlichen Anweisungen.

richter in Vertretung der Staatsanwaltschaft kriminalpolizeiliche Interessen wahrzunehmen.

Die juristisch und polizeilich wichtigsten Tätigkeiten im strafrechtlichen Verfahren sind: Die Beschlagnahme und Durchsuchung (§§ 94—111 StPO.), die Verhaftung und vorläufige Festnahme (§§ 112—132 StPO.), sowie die Vernehmung des Beschuldigten (§§ 133—136 StPO.), der Zeugen und Sachverständigen und die Augenscheinseinnahme (§§ 48ff. und §§ 72ff. StPO.).

Soweit die Vernehmungen in Betracht kommen, handelt es sich um die Feststellung des subjektiven Tatbestandes, d. h. Feststellung des Täters und seiner Schuld.

a) Leichensachen.

Ein nicht seltener Anwendungsfall der amtsrichterlichen Tätigkeit bieten die Leichensachen, die in allen Fällen dringlich und eilig zu behandeln sind. Sind Anhaltspunkte dafür vorhanden, daß jemand eines nicht natürlichen Todes gestorben ist oder wird der Leichnam eines Unbekannten gefunden, so sind die Polizei- und Gemeindebehörden zur sofortigen Anzeige an die Staatsanwaltschaft oder an den Amtsrichter verpflichtet. Die Beerdigung solcher Leichen darf nur auf Grund einer schriftlichen Genehmigung der Staatsanwaltschaft oder des Amtsrichters erfolgen (§ 157 StPO.).

Außerdem ist an die „Nachrichtensammelstelle für Vermißte und unbekannte Tote“ (für Preußen beim Polizeipräsidium Berlin gemäß Min.-Erl. vom 19. Januar 1918[1]), für das Rheinstromgebiet beim Polizeipräsidium Köln[2]) gemäß Verf. des Min. d. Inn. vom 1. Juli 1922, (vgl. Min.-Bl. f. d. preuß. innere Verw. Nr. 30, S. 671, vom 19. Juli 1922) von den Polizeiverwaltungen eine Formularanzeige über den Fund der unbekannten Leiche einzusenden. Dies hat den Zweck, die Feststellung des unbekannten Toten auf Grund der bei der Polizeizentrale geführten Vermißtenkartothek versuchen zu können. (Ähnliche Kartensammlungen werden auch bei anderen Polizeizentralen geführt, z. B. in Dresden, München, Stuttgart usw.)

Nach § 56 des Personenstandsgesetzes vom 6. Februar 1875 ist jeder Sterbefall spätestens am nächstfolgenden Wochentage dem Standesbeamten des Bezirks, in welchem der Tod erfolgt ist, anzuzeigen. Findet eine amtliche Ermittlung über den Todesfall statt, so erfolgt die Eintragung auf Grund der schriftlichen Mitteilung der zuständigen Behörde (§ 58 Abs. 2), also z. B. der Polizeibehörde, welcher der Beerdigungsschein durch die Staatsanwaltschaft oder das Amtsgericht ausgehändigt worden ist.

---

[1]) Vgl. MBl. d. in. V., S. 19.

[2]) Es kommen hier in Betracht die Regierungsbezirke Koblenz, Trier, Köln, Düsseldorf und Wiesbaden.

b) Beschlagnahme und Durchsuchung.

Das strafrechtliche Beweisverfahren bedingt eine Sicherstellung der Beweisobjekte; daher bestimmt der hierfür grundlegende § 94 StPO., daß Gegenstände, welche als Beweismittel für die Untersuchung von Bedeutung sein können oder (gemäß strafgesetzlicher Vorschriften) der Einziehung[1]) unterliegen, in Verwahrung zu nehmen oder in anderer Weise sicherzustellen sind. Befinden sich die Gegenstände im Gewahrsam einer Person, so sind sie, falls sie nicht freiwillig herausgegeben werden, zu beschlagnahmen. Die Beschlagnahme geschieht formlos, eine Besitzergreifung der Sache ist zwar die Regel, aber nicht unbedingt erforderlich, namentlich nicht bei schwer transportablen Gegenständen.

Das Inverwahrungnehmen und Sicherstellen von Beweisobjekten ist also juristisch von der Beschlagnahme zu unterscheiden, die sich jeweils auf eine „im Gewahrsam einer Person" befindliche Sache bezieht. Andere am Tatort gefundene Gegenstände von beweiserheblicher Bedeutung, also z. B. vor allem die vom Täter zurückgelassenen Instrumente, Schriftstücke, Kleidungsstücke, auch Spuren jeder Art werden „ver-

---

[1]) Der Einziehung unterliegen Gegenstände, welche durch ein vorsätzliches Verbrechen oder Vergehen hervorgebracht, oder welche zur Begehung eines vorsätzlichen Verbrechens oder Vergehens gebraucht oder bestimmt sind, sofern sie dem Täter oder einem Teilnehmer gehören (§ 40 StGB.).

wahrt" oder „sichergestellt", nicht beschlagnahmt. Soweit die Verwahrung oder Sicherstellung nicht mit technischen Hilfsmitteln an Ort und Stelle erfolgen kann, ist eine Mitnahme zur Dienststelle zulässig; eine Beschädigung von Türen, Fenstern, Fußböden, Gegenständen der Wohnungseinrichtung ist dabei möglichst zu vermeiden und im Bedarfsfalle, d. h. auf Verlangen des Geschädigten, aus Billigkeitsgründen zu vergüten.

Die in Verwahrung oder in Beschlag genommenen Gegenstände sind genau zu verzeichnen und zur Verhütung von Verwechselungen durch amtliche Siegel oder in sonst geeigneter Weise kenntlich zu machen (§ 109 StPO.).

Wer einen für das Strafverfahren beweiserheblichen oder der Beschlagnahme unterliegenden Gegenstand im Gewahrsam hat, ist verpflichtet, denselben auf Erfordern vorzulegen und auszuliefern (§ 95 StPO.). Bei Weigerung setzt sich der Gewahrsaminhaber der im § 69 StPO. vorgesehenen Kostenerstattung, sowie einer gerichtlich festzusetzenden Geldstrafe oder Haftstrafe aus. Diese Zwangsmittel können aber nicht gegen Personen angewendet werden, die gemäß §§ 51, 52 StPO. zur Verweigerung des Zeugnisses berechtigt[1]) sind. Über die Beschlagnahme von Schriftstücken gelten besondere Vorschriften:

[1]) Verlobte, Ehegatten, Verwandte, Verschwägerte, Adoptierte, Seelsorger, Verteidiger und Rechtsanwälte, Ärzte (Abgeordnete nach Art. 38 d. Reichsverfassung).

Schriftliche Mitteilungen zwischen den Beschuldigten (oder Verdächtigten) und denjenigen Personen, die wegen ihres Verhältnisses zu ihm nach §§ 51, 52 zur Verweigerung des Zeugnisses berechtigt sind[1]), unterliegen der Beschlagnahme nicht, falls sie sich in den Händen dieser Personen finden und diese nicht einer Teilnahme, Begünstigung oder Hehlerei verdächtig sind. Solche beschlagnahmeunfähige Schriftstücke dürfen, auch wenn ihr Inhalt für das Strafverfahren völlig belanglos ist, z. B. nicht zu Schriftvergleichungen herangezogen werden (RGE. v. 7. 11. 1889, Bd. 20 S. 91).

Werden solche Schriftstücke aber freiwillig herausgegeben, so bedürfen sie keiner Beschlagnahme und können daher im Strafverfahren zu jedem beliebigen Zwecke verwendet werden. Andere Schriftstücke, welche die eine Person der anderen übergeben oder übersandt hat, sind von der Beschlagnahme nicht befreit, z. B. auch nicht Schriftstücke, welche zwischen zwei Zeugnisverweigerungsberechtigten gewechselt worden sind, beispielsweise zwischen Verteidiger und Angehörigen des Beschuldigten gewechselte schriftliche Mitteilungen.

Die Beschlagnahmebefreiung wird nicht dadurch ausgeschlossen, daß das betreffende Schriftstück vor der Tat ausgehändigt oder übersandt wurde, oder daß sein Inhalt sich nicht auf die Tat selbst bezieht. Sobald sich aber die hier in Frage stehenden Schriftstücke in den Händen Dritter, z. B. auch der Post, befinden, ist die Beschlagnahme zulässig, wie auch dann, wenn sich der Empfänger erst nachträglich der Teilnahme oder Hehlerei verdächtig macht.

Wichtig ist noch die Bestimmung des § 110 StPO. über das generelle Verbot der Durchsicht der bei einer Durchsuchung etwa zu beschlagnahmenden Papiere, die nur dem Richter zusteht, falls nicht der Inhaber derselben die Durchsicht genehmigt. Wird die Genehmigung hierzu dem beschlagnehmenden Beamten nicht erteilt, dann hat er sie in einem Umschlag zu verwahren, in Gegenwart des Inhabers zu versiegeln („mit Amtssiegel zu verschließen") und an den Richter abzuliefern; der Inhaber oder sein Vertreter kann der späteren Entsiegelung seiner Papiere beiwohnen. Soweit diese verwahrten Papiere zu einer strafbaren Handlung in Beziehung stehen, hat sie der Richter der Staatsanwaltschaft mitzuteilen.

α) Die Beschlagnahme von Postsachen.

ist in den §§ 99, 100 besonders geregelt: Zulässig ist die Beschlagnahme der an den Beschuldigten gerichteten Briefe und Sendungen auf der Post[1]), sowie der an ihn gerichteten Telegramme auf den Telegraphenanstalten; ebenso von Postsachen, die vom Beschuldigten herrühren oder für ihn bestimmt sind, wenn

[1]) Also im Gewahrsam der Post oder eines Postbeamten, z. B. auch eines austragenden Briefträgers oder Depeschenboten, nicht mehr nach Aushändigung der Postsendung am Schalter an den Empfänger oder seinen Beauftragten.

dies, z. B. bei Deckadressen, aus bestimmten Tatsachen zu schließen ist und der Inhalt für die Untersuchung mutmaßlich Bedeutung hat.

Der im § 5 des Postgesetzes vom 18. Oktober 1871 und im Artikel 117 der Reichsverfassung aufgestellte Grundsatz der Unverletzlichkeit des Briefgeheimnisses, dessen Ausnahmen durch die §§ 99 ff. StPO. festgesetzt worden sind, erfordert eine gewisse Sorgfalt und Garantie gegen Mißbräuche. Daher hat der § 100 StPO. die Befugnis zur Beschlagnahme von Postsendungen grundsätzlich nur dem Richter übertragen, bei Gefahr im Verzuge und wenn die Untersuchung nicht bloß eine Übertretung betrifft, auch der Staatsanwaltschaft, die aber die beschlagnahmten Postsendungen uneröffnet dem Richter vorzulegen hat[1]). Die von der Staatsanwaltschaft verfügte Beschlagnahme muß aber unter allen Umständen binnen drei Tagen vom Richter bestätigt werden, wenn sie nicht ihre Geltung verlieren soll. Wie über die von der Staatsanwaltschaft verfügte Beschlagnahme, so entscheidet der Richter auch über die Eröffnung der ausgelieferten Postsendungen, und zwar fristlos, also unverzüglich. Schließlich wird in § 101 StPO. noch bestimmt, daß die Beteiligten von den getroffenen Maßregeln der Postsachenbeschlag-

---

[1]) Hilfsbeamte der Staatsanwaltschaft sind in keinem Falle dazu befugt; sie können aber entsprechende Anträge stellen.

nahme zu benachrichtigen sind, sobald dies ohne Gefährdung des Untersuchungszweckes geschehen kann.

Nicht eröffnete Sendungen oder solche, deren Zurückbehaltung nicht erforderlich ist, sind den Beteiligten auszuliefern; ebenso erhält der Empfangsberechtigte Abschrift der für die Untersuchung belanglosen Teile zurückbehaltener Briefe.

β) Amtliche Schriftstücke

und in amtlicher Verwahrung befindliche Akten brauchen weder vorgelegt noch ausgeliefert zu werden, wenn die oberste Dienstbehörde erklärt, daß das Bekanntwerden des Inhalts dieser Akten oder Schriftstücke dem Wohle des Reiches oder eines Bundesstaates Nachteil bereiten würde. Erfolgt die Verweigerung solcher Schriftstücke zu Unrecht, so gibt es keine Zwangsmittel, allenfalls eine Beschwerde des Richters bei der vorgesetzten Dienstbehörde. Akten exterritorialer Dienststellen und Beamten unterliegen keinesfalls einer Beschlagnahme.

γ) Die Anordnung der Beschlagnahme.

Abgesehen von dem bereits erwähnten Spezialfalle der Beschlagnahme von Postsendungen (§§ 99, 100, 101) steht im übrigen dem Richter, bei Gefahr im Verzuge auch der Staatsanwaltschaft und deren Hilfsbeamten[1]), die Anordnung von Beschlagnahmen zu (§ 98 StPO.).

---

[1]) Die Bestellung der Hilfsbeamten der Staatsanwälte erfolgt durch besondere ministerielle Vorschriften

Die nichtrichterliche Beschlagnahme bedarf der richterlichen Bestätigung[2]) binnen drei Tagen, wenn der Betroffene (oder bei seiner Abwesenheit ein erwachsener Angehöriger) gegen die Beschlagnahme ausdrücklichen Widerspruch erhoben hat; ferner wenn bei der Beschlagnahme weder der Betroffene, noch ein erwachsener Angehöriger anwesend war. Der Betroffene kann aber jederzeit die richterliche Entscheidung über die Beschlagnahme nachsuchen.

Gefahr im Verzuge liegt vor, wenn zu befürchten ist, daß der durch die richterliche Entscheidung bedingte Zeitverlust die Durchführung der Beschlagnahme vereiteln würde. Ist die Beschlagnahme von

der einzelnen Landesregierungen. In Preußen sind es die Polizei- und Kriminalinspektoren und -kommissare, sowie Oberwachtmeister (Polizei- und Kriminalassistenten) bei den staatlichen Polizeiverwaltungen; bei den kommunalen städtischen Polizeiverwaltungen der Bürgermeister und sein Vertreter (Magistratsmitglied), die Polizeiinspektoren und -kommissare; auf dem Lande die Amtsvorsteher, die Guts- und Gemeindevorsteher und ihre Vertreter; bei der Schutzpolizei die Hundertschaftsführer, die Zugführer und deren Stellvertreter; ferner die Grenzkommissare, die Revierbeamten des Berg-, Hütten- und Salinenwesens, gewisse Bahnpolizei-, Forstschutz- und Zollbeamte, Strompolizeibeamte usw. Eine nähere Aufzählung findet man z. B. in Retzlaffs Polizeihandbuch. Bei Entsendungen nach auswärts bleiben sie für die Dauer des Auftrages Hilfsbeamte der Staatsanwaltschaft.

[2]) Durch den Amtsrichter des Bezirks des Beschlagnahmeortes; solange die öffentliche Klage noch nicht erhoben ist, handelt es sich hier nur um eine Sollvorschrift.

einem zuständigen Beamten „angeordnet", so kann sie von jedem dazu beauftragten zuständigen Polizeibeamten durchgeführt werden, der selbstverständlich auch ohne formelle Beschlagnahmeanordnung bei seinen Ermittlungen freiwillig herausgegebene Beweisstücke sammeln und verwahren oder sicherstellen kann.

δ) Weitere Ausnahmen der Beschlagnahmevorschriften.

a) Beschlagnahmen in militärischen Dienstgebäuden, zu denen auch Kriegsfahrzeuge gehören, erfolgen durch Ersuchen der Militärbehörde, auf Verlangen der Staatsanwaltschaft oder eines Richters unter deren Mitwirkung. Diese Vorschrift des § 98 Abs. 4 StPO. gilt aber nicht, wenn die Beschlagnahme in Räumen vorzunehmen ist, die zwar in militärischen Dienstgebäuden sich befinden, aber ausschließlich von Zivilpersonen oder Zivilbeamten der Militärverwaltung bewohnt werden. Dieselbe Vorschrift gilt auch bei Durchsuchungen in solchen Räumen (§ 105 Abs. 4).

b) Jedes Strafverfahren gegen ein Mitglied des Reichstages oder eines Landtages und jede Haft oder sonstige Beschränkung seiner persönlichen Freiheit wird auf Verlangen des Hauses, dem der Abgeordnete angehört, für die Dauer der Sitzungsperiode aufgehoben. Auch darf kein Abgeordneter zu irgendeiner Zeit wegen der in Ausübung seines Berufes getanen Äußerungen gerichtlich oder dienstlich verfolgt werden. Sogenanntes Immunitätsprinzip, das in der Reichsverfassung begründet ist (vgl. § 11 StGB. und Art. 36 u. 37 d. Reichsverf.).

c) Die Exterritorialen unterliegen nicht der Gerichtsbarkeit des Aufenthaltsstaates[1]) (vgl. §§ 18 bis 21 GerichtsverfGes.).

d) Bei Verfolgung von Amtsverbrechen hat sich die gewohnheitsrechtliche Übung ausgebildet, bei Durchsuchungen und Beschlagnahmen einen Beamten der vorgesetzten Dienstbehörde des in Untersuchung gezogenen Beamten zuzuziehen, z. B. bei Postbeamten. In solchen Fällen kann der zugezogene Beamte auch in der Eigenschaft als Sachverständiger mitwirken.

ε) Die Durchsuchung.

Die Sammlung, Sicherung und Beschlagnahme von Beweisgegenständen in einem Strafverfahren ist in der Regel nur möglich durch ein Eindringen in die Wohnung und die dazu gehörigen Räumlichkeiten des Beschuldigten oder Verdächtigten. Diese für das ganze Strafverfahren sowohl juristisch wie kriminaltechnisch wichtige Maßnahme der „Durchsuchung" ist in den §§ 102ff. StPO. des näheren geregelt. Dem Bestreben des Täters, die Spuren des Verbrechens zu verbergen, müssen entsprechende Maßnahmen entgegen=

---

[1]) Ihre Wohnung darf nur betreten werden, wenn der Wohnungsinhaber seine auf diplomatischem Wege einzuholende Zustimmung dazu erteilt hat. Nicht exterritorial sind die im Deutschen Reich angestellten Konsuln.

gesetzt werden können, wenn die Verfolgung der von ihm begangenen strafbaren Handlung nicht von vornherein vereitelt werden soll. Daher kann bei demjenigen, der als Täter oder Teilnehmer einer strafbaren Handlung oder als Begünstiger oder Hehler verdächtig ist, eine Durchsuchung der Wohnung[1]) und anderer Räume[2]), sowie seiner Person und der ihm gehörigen, auch außerhalb der Wohnung sich befindenden Sachen vorgenommen werden, und zwar sowohl zum Zwecke seiner Ergreifung, wenn er sich z. B. in einem Raum verborgen hält, als auch dann, wenn zu vermuten ist, daß die Durchsuchung zur Auffindung von Beweismitteln führen werde. Die Voraussetzung einer Durchsuchung ist der Verdacht einer strafbaren Handlung, gleichgültig, ob es sich um ein Verbrechen, ein Vergehen oder eine Übertretung handelt. Bei anderen Personen, die also nicht als Täter, Teilnehmer, Begünstiger, Hehler in Frage kommen, sind Durchsuchungen nur zum Zwecke der Ergreifung des Beschuldigten oder der Verfolgung von Spuren einer strafbaren Handlung[3]) oder zwecks Beschlag-

[1]) Man spricht auch von „Haussuchung".

[2]) Zubehör von Wohnungen, die zur Benutzung oder Mitbenutzung überlassen sind.

[3]) Die ärztliche Untersuchung des Körpers, z. B. zur Feststellung von Spuren der Mißhandlung eines Kindes oder zur Feststellung eines geschlechtlichen Mißbrauches, gehört ebenfalls hierzu (RGE. v. 11. 6. 86, Bd. 14, S. 189).

nahme bestimmter Gegenstände zulässig, wenn Tatsachen vorliegen, aus denen zu schließen ist, daß die gesuchte Person, Spur oder Sache sich in den zu durchsuchenden Räumen befinde (§ 103 Abs. 1 StPO.).

Diese einschränkende Bedingung der Durchsuchung fällt aber weg, wenn der Beschuldigte in einem bestimmten Raum ergriffen wird oder diesen während der unmittelbaren Verfolgung betreten hat oder in welchem eine unter Polizeiaufsicht stehende Person wohnt oder sich aufhält (§ 103 Abs. 2).

Nicht jedes Eindringen in die Wohnung stellt sich als eine „Durchsuchung" im Sinne der Strafprozeßordnung dar, z. B. nicht die Kontrolle der Sittendirne in ihrer Wohnung, das Betreten einer Wohnung durch Sittenpolizeibeamte zur Ermittlung des Aufenthalts von Dirnen, die Abstellung von Übertretungen, z. B. bei unerlaubtem Teppichklopfen am Fenster oder zur Verhinderung des Mißbrauchs von Schießwaffen, ferner nicht das Eindringen bei Feuers- und Wassersnot usw.

Die körperliche Durchsuchung kann unter Umständen bis auf die Haut des Betreffenden sich erstrecken, so daß bei der körperlichen Durchsuchung von weiblichen Verdächtigen oder Beschuldigten weibliche Vertrauenspersonen zugezogen werden müssen (z. B. Polizeigehilfinnen, Gefangenenaufseherinnen).

Kriminaltechnisch stellt sich die Durchsuchung keineswegs so einfach dar, wie sie meistens gehandhabt wird; ich verweise daher auf die näheren Ausführungen in meiner „Kriminalistischen Spurensicherung", S. 65 ff., wo die Fragen: Nach was ist zu suchen? Wo und wie ist zu suchen? behandelt werden. Diesem Werk entnehme ich auch die für die Polizeibeamten (in Berlin) aufgestellten Richtlinien, die bei der Einlieferung festgenommenen Personen und Übersendung und Verwahrung der ihnen abgenommenen Gegenstände sowie der Beweisobjekte zu beachten sind.

a) Abgenommene Gegenstände.

1. Alle Personen, welche zur Einlieferung an die Kriminalpolizei oder in den Polizeigewahrsam oder auch zu ihrer eigenen Sicherheit vorübergehend in einem Polizeirevier in Haft gehalten werden, sind baldigst gründlich zu durchsuchen. Hierbei ist insbesondere darauf zu achten, ob die Festgenommenen Gelder oder Gegenstände, welche auf eine strafbare Handlung schließen lassen oder einen Selbstmord erleichtern (Gift), bei sich führen. Bei Männern ist die Durchsuchung sofort nach der Festnahme, bevor der Transport stattfindet, vorzunehmen; bei weiblichen Personen ist zu warten, bis sich Gelegenheit findet, sie durch eine geeignete Frau durchsuchen zu lassen. Die Verpflichtung des Beamten des Kriminalkommissariats, die Eingelieferten alsbald zu durchsuchen, wird hierdurch nicht aufgehoben.

2. Festgenommenen Personen ist nicht zu gestatten, von dem mitgeführten Gelde noch etwas unnütz auszugeben, da in vielen Fällen, z. B. bei versuchter

Bestechung usw., der angebotene Betrag an das Gericht abgeliefert werden muß.

3. Alle abgenommenen Gegenstände sind zu einem haltbaren und festverschlossenen Paket zu vereinigen, welches äußerlich mit dem deutlich geschriebenen Namen des Eigentümers und mit der Angabe der einzelnen darin befindlichen Gegenstände zu versehen ist. Letztere sind so genau zu beschreiben, daß jeder spätere Zweifel über die Identität ausgeschlossen ist.

4. Mit der vorschriftsmäßigen Verpackung und Bezeichnung sind die Gegenstände dem Transportwagenführer zur Abgabe an die Einlieferungsstelle zu übergeben.

5. Legitimationspapiere, auch falsche, sind nicht mit den übrigen Sachen zu verpacken, sondern der Einlieferungsanzeige beizufügen und bei Einlieferung in das Untersuchungsgefängnis dort abzugeben. Zu den Akten sollen Legitimationspapiere nur genommen werden, wenn sie für das Strafverfahren von Bedeutung sind.

6. In Verwesung übergegangene Gegenstände sind nicht mit einzuliefern, sondern nach gehöriger Feststellung ihrer Beschaffenheit zu vernichten.

7. (Betrifft die Verwahrung eines Fuhrwerkes, das dem wegen einer strafbaren Handlung festgenommenen Führer — Kutscher — abgenommen worden ist.)

Anmerkung: Zur Vermeidung von ungerechtfertigten Reklamationen von Gegenständen, welche Gefangenen angeblich von den Polizeibeamten abgenommen

worden sind, sind sämtliche Sachen, welche im Besitze der betreffenden Personen gefunden werden und einen gewissen Wert darstellen, auf der Einlieferungsanzeige einzeln zu verzeichnen, und zwar getrennt, je nachdem es sich um Gegenstände handelt, welche zur Person gehören und um solche, welche als Beweisstücke bei den Akten bleiben. Diese Verzeichnisse sind bei der Ablieferung des Gefangenen bei der Kriminalpolizei und im Polizeigefängnis von einem diensthabenden Beamten zu prüfen und mit Richtigkeitsvermerk zu versehen.

b) Beschlagnahmte Gegenstände.

Wenn die mit Beschlag belegten Gegenstände so zahlreich sind, daß die Ausführung im einzelnen Schwierigkeiten bietet, z. B. bei einem Warenlager oder bei einer großen Menge von Briefschaften und Schriftstücken, müssen die beschlagnahmten Sachen an Ort und Stelle in abgesonderten, hinreichend sichergestellten Räumen versiegelt, oder in Körbe oder Kisten verpackt und versiegelt befördert werden. Diese Siegel sind in Gegenwart des Beschuldigten oder eines ihm zu bestellenden Vertreters zu öffnen, falls noch Verfügungen über die betreffenden Gegenstände getroffen werden und solche nicht sofort im versiegelten Zustande an das Gericht abgeliefert werden sollten.

Die polizeiliche Beschlagnahme von Gegenständen, welche in Privatwohnungen belassen werden, sowie die polizeiliche Schließung von Wohnungen usw. ist dadurch äußerlich erkennbar zu machen, daß an der beschlagnahmten Sache oder am Eingange der geschlossenen Wohnung eine entsprechende Aufschrift unter

Angabe des zuständigen Polizeireviers angebracht wird (mit Revierstempel, Datum und Unterschrift des Reviervorstandes versehen).

Bei Einlieferung von Personen, die unter Vergiftungserscheinungen erkrankt sind, in Krankenhäuser ist ein Teil der etwa beschlagnahmten Giftreste dem Krankenhause unter ausdrücklicher Bezeichnung als „Gift“ mit zu übersenden.

Bei Todesfällen infolge falscher ärztlicher Behandlung, oder Behandlung durch eine ärztlich nicht vorgebildete Person, sind die mit Beschlag zu belegenden Rezepte und Arzneimittel den Berichten an die Staatsanwaltschaft beizufügen.

Werden leicht verderbliche oder in Fäulnis übergehende Gegenstände beschlagnahmt, deren Zustand die Einholung der Erlaubnis der Kriminalpolizei zum Verkaufe nicht mehr zuläßt, so ist das Einlieferungsrevier nicht nur befugt, sondern sogar verpflichtet, diese Gegenstände sofort meistbietend zu versteigern und das Ergebnis sowie den Erlös nachträglich der Kriminalpolizei mitzuteilen.

ζ) Wann ist die Durchsuchung vorzunehmen.

Zur Nachtzeit, d. h. im Sommer, vom 1. April bis 30. September von 9 Uhr abends bis 4 Uhr morgens, im Winter, vom 1. Oktober bis 31. März von 9 Uhr abends bis 6 Uhr morgens, dürfen die Wohnung, die Geschäftsräume und das befriedete Besitztum nur bei Verfolgung auf frischer Tat oder bei Gefahr im Verzuge oder dann durchsucht werden, wenn es sich um die Wiederergreifung eines entwichenen Gefangenen handelt (§ 104 Abs. 1).

Ausnahmen: Wohnungen von unter Polizeiaufsicht stehenden Personen, Räume, die zur Nachtzeit jedermann zugänglich sind, z. B. Wartesäle, Schankwirtschaften Hotels[1]), oder Räume, welche der Polizei als Herbergen oder Versammlungsorte bestrafter Personen („Kaschemmen") oder Niederlagen von Sachen, welche mittels strafbarer Handlungen erlangt sind (sogenannte „Sore") oder die als Schlupfwinkel des Glücksspiels oder gewerbsmäßigen Unzucht bekannt sind, können jederzeit durchsucht werden. Auch nach § 9 des Gesetzes zum Schutze der persönlichen Freiheit vom 12. Februar 1850 darf die Polizei zur Nachtzeit Orte, wie Wohnungen, Schankwirtschaften usw., besuchen, die während der Nachtzeit dem Publikum ohne Unterschied zugänglich sind, solange diese Orte dem Publikum zum Eintritt oder ferneren Verweilen geöffnet sind.

η) Razzia und die Zulässigkeit ihrer Abhaltung.

Razzien sind polizeiliche Massendurchsuchungen, die mit einem größeren Aufgebot von Polizeikräften in Räumlichkeiten, wie Verbrecherlokalen, Spielhöllen, verrufenen Schlemmerstätten, Wartesälen, Herbergen, sowie auf öffentlichen Plätzen und Parkanlagen von

---

[1]) Nicht dagegen die an einzelne Personen vermieteten Hotelzimmer.

Zeit zu Zeit veranstaltet werden, um einmal die zur ständigen Gefahr werdenden Ansammlungen von verbrecherischen Elementen zu sprengen und vor allem auch flüchtige, d. h. steckbrieflich gesuchte, im Großstadtleben leicht untertauchende, sich verborgen haltende Verbrecher ergreifen zu können.

Das Recht, Razzien zu veranstalten, gründet sich, um zunächst einmal die preußischen Verhältnisse zu beachten, auf das Allgemeine Landrecht (Teil II, Titel 17, §§ 2, 10), wonach die Polizei zur Abwehr von Gefahren verpflichtet ist, die der Rechtsordnung von dem bösen Willen der Menschen drohen[1]).

Daß durch diese Maßregel auch Unschuldige betroffen werden, liegt in der Natur der Sache; er kann sich aber davor bewahren, wenn er im Besitze genügender Personenausweise ist, die um so notwendiger sind, je unruhiger die Zeiten sind und je zweifelhafter die Umgebung ist, in der sich ein Mensch aufhält. Nach herrschender juristischer, auch vom Reichsgericht vertretener Meinung kann die Polizei bei Erfüllung ihrer Aufgaben von jedermann Auskunft und Ausweis über seine Persönlichkeit verlangen und nötigenfalls die Zwangsgestellung des Angehaltenen in ihre Diensträume vornehmen.

---

[1]) Ebenso Delius in der „Polizei" Nr. 3 vom 5. 5. 22 S. 45. Er unterscheidet den kriminalpolizeilichen und den rechtssicherheitspolizeilichen Zweck der Razzien, im ersteren Falle sei die Polizei den Vorschriften der StPO. unterworfen, nicht aber im letzteren Falle.

9) Die Anordnung von Durchsuchungen.

Die Anordnung der Durchsuchung steht, wie die Beschlagnahme, in erster Linie dem Richter zu, bei Gefahr im Verzuge auch der Staatsanwaltschaft und deren Hilfsbeamten (§ 105 Abs. 1 StPO.). Polizeibeamte, die nicht Hilfsbeamte der Staatsanwaltschaft sind, können aber eine ordnungsmäßig angeordnete Durchsuchung durchführen[1]). Findet eine Durchsuchung der Wohnung, der Geschäftsräume oder des befriedeten Besitztums ohne Beisein des Richters oder Staatsanwalts statt, so sind, wenn dies möglich ist, ein Gemeindebeamter oder zwei Mitglieder der zuständigen Gemeinde, wo die Durchsuchung vorgenommen wird, zuzuziehen; diese Mitglieder dürfen aber nicht zugleich Polizei- oder Sicherheitsbeamte sein, wohl aber Gemeindebeamte (§ 105 Abs. 2). Bei Gefahr im Verzuge kann jedoch davon Abstand genommen werden.

Diese Beschränkungen finden aber keine Anwendung bei Durchsuchungen in den im § 104 Abs. 2 bezeichneten Räumen (Wohnungen von unter Polizeiaufsicht Gestellten, Herbergen, Verbrecherlokale, Schlupfwinkel des Glückspiels oder der gewerbsmäßigen Unzucht, allgemein zur Nachtzeit zugängliche Räumlichkeiten). Hier kann also auch der Polizeibeamte, der nicht Hilfsbeamter der Staatsanwaltschaft ist, Amts-

---

[1]) Einer Anordnung der Durchsuchung bedarf es auch nicht, wenn sich der Betroffene mit der Durchsuchung ausdrücklich einverstanden erklärt.

handlungen, insbesondere auch Durchsuchungen vornehmen (§ 105 Abs. 3).

Bei Durchsuchungen in militärischen Dienstgebäuden gilt das bereits oben bei der Beschlagnahme in solchen Gebäuden Gesagte (§ 105 Abs. 4).

c) Bei der Durchsuchung weiter zu beachtende Vorschriften.

Der Inhaber der zu durchsuchenden Räume oder Gegenstände darf der Durchsuchung beiwohnen[1]); in seiner Abwesenheit ist ein Vertreter oder erwachsener Angehöriger, Hausgenosse oder Nachbar zuzuziehen. Dem Inhaber oder seinem Vertreter, Angehörigen usw. ist der Zweck der Durchsuchung vor deren Beginn bekanntzumachen, wenn der Inhaber nicht als Beschuldigter, Teilnehmer, Begünstiger oder Hehler anzusehen ist. Diese Bekanntgabe ist aber nicht vorgeschrieben bei Durchsuchung von Wohnungen, Räumen, befriedetem Besitztum zur Nachtzeit bei Verfolgungen auf frischer Tat, bei Gefahr im Verzuge, oder wenn es sich um die Wiederergreifung eines entwichenen Gefangenen handelt (§ 106 Abs. 2).

Nach Beendigung der Durchsuchung ist dem Betroffenen auf Verlangen eine schriftliche Mitteilung zu machen, welche den Grund der Durchsuchung und die strafbare Handlung bezeichnen muß;

---

[1]) D. h. falls er die Amtshandlung nicht stört, in welchem Falle § 162 StPO. Platz greift (Festnahme!).

ferner erhält er auf Verlangen ein Verzeichnis der in Verwahrung genommenen oder beschlagnahmten Gegenstände, ebenso eine Bescheinigung darüber, daß bei der Durchsuchung nichts Verdächtiges gefunden worden ist.

Es kann vorkommen, daß gelegentlich der Durchsuchung Gegenstände gefunden werden, die nicht zu der die Durchsuchung veranlassenden Untersuchung, aber zu einer anderen strafbaren Handlung in Beziehung stehen. Auch diese sind einstweilen zu beschlagnahmen, und der Staatsanwaltschaft ist davon Kenntnis zu geben (§ 108 StPO.). Die einstweilige Beschlagnahme erfordert keine vorausgehende Beschlagnahmeanordnung, aber eine nachträgliche richterliche Bestätigung im Falle des Widerspruches der Betroffenen.

Gegenstände, die durch die strafbare Handlung dem Verletzten (z. B. dem Bestohlenen) entzogen, nicht aber die mit dem entwendeten Geld angeschafft wurden, sind dem Verletzten zurückzugeben, falls nicht Ansprüche Dritter entgegenstehen. Eines gerichtlichen Urteils bedarf es dazu nicht. Im Zweifelsfalle kann der Beteiligte seine Rechte an dem einbehaltenen Gegenstande im Zivilverfahren geltend machen (§ 111 StPO.).

Pfandscheine vertreten unmittelbar die verpfändete Sache, so daß die Pfandscheine der vom Täter versetzten Gegenstände dem Verletzten gemäß § 111 auszuhändigen sind (RGE. v. 5. 7. 80).

4. Verhaftung und vorläufige Festnahme.

Wer darf festnehmen?

a) Jedermann ist zur vorläufigen Festnahme berechtigt, wenn jemand — bei allen Arten von strafbaren Handlungen — auf frischer Tat betroffen oder verfolgt wird und er der Flucht verdächtig ist oder seine Persönlichkeit nicht sofort festgestellt werden kann; ein richterlicher Befehl ist in diesem Falle nicht notwendig (§ 127 Abs. 1).

b) Zur vorläufigen Festnahme sind die Staatsanwaltschaft und die Polizei- und Sicherheitsbeamten befugt, wenn die Voraussetzungen eines Haftbefehls vorliegen und Gefahr im Verzug obwaltet (§ 127 Abs. 2).

Die vorläufige Festnahme bei Antragsdelikten setzt einen Strafantrag nicht voraus (§ 127 Abs. 3).

Anmerkung: Unterwirft sich der auf frischer Tat Betroffene nicht freiwillig der vorläufigen Festnahme, so können von dem zur Festnahme Berechtigten Sachen, insbesondere Überführungsstücke, welche er bei sich trägt, abgenommen werden (RGE. v. 20. 3. 83, Bd. 8, S. 288).

Welches sind die Voraussetzungen eines Haftbefehls?

a) Dringende Verdachtsgründe gegen den Festzunehmenden (Tatverdacht).

b) Fluchtverdacht oder Verdunkelungsgefahr, die daraus zu folgern ist, daß er Spuren der Tat vernichten, oder daß er Zeugen oder Mitschuldige zu einer falschen Aussage oder Zeugen dazu verleiten werde, sich der Zeugnispflicht zu entziehen; diese Tatsachen — nicht bloße Vermutungen — sind aktenkundig zu machen (§ 112 Abs. 1).

Nur unter diesen unter a und b genannten Voraussetzungen darf der Angeschuldigte in Untersuchungshaft genommen werden[1]).

Der Verdacht der Flucht bedarf keiner weiteren Begründung:

1. Wenn ein Verbrechen (im Sinne des § 1 Abs. 1 StGB.) den Gegenstand der Untersuchung bildet;
2. wenn der Angeschuldigte ein Heimatloser[2]) oder Landstreicher oder nicht imstande ist, sich über seine Person auszuweisen;
3. wenn der Angeschuldigte ein Ausländer ist und gegründeter Zweifel besteht, daß er sich auf die Ladung vor Gericht stellen und dem Urteile Folge leisten werde (§ 112 Abs. 2).

Ist die Tat nur mit Haft oder mit Geldstrafe bedroht, so darf die Untersuchungshaft nur wegen Fluchtverdachts verhängt werden gegen folgende Personen:

a) Heimatlose, Landstreicher, Personen ohne Ausweise;

[1]) Das Gericht kann nach § 185 des Gerichtsverfassungsgesetzes die vorläufige Festnahme des Täters verfügen, wenn in der Gerichtssitzung eine strafbare Handlung begangen wird.

[2]) Im Sinne des Freizügigkeitsgesetzes vom 1. 11. 67.

b) Ausländer;
c) unter Polizeiaufsicht Gestellte;
d) Bettler (im wiederholten Rückfall), ferner Personen, die infolge Spiel, Trunk, Müßiggang ihre Unterhaltspflichten vernachlässigen, die Gewerbsunzucht treiben, die arbeitsscheu sind, die sich trotz Verarmung kein Unterkommen verschaffen und daher gemäß § 362 StGB. der Landespolizeibehörde überwiesen werden können (§ 113 StPO.).

Wegen der Immunität der Reichs- und Landtagsabgeordneten vgl. das oben unter Ausnahmen der Beschlagnahmevorschriften zu b Gesagte.

Für die Unterbringung von Kindern nud Haustieren Verhafteter ist im Notfalle Sorge zu tragen.

Die Festnahme von Militärpersonen.

Das Strafverfahren gegen Militärpersonen ist im Gesetz vom 17. August 1920 (RGBl. S. 1579), betr. Aufhebung der Militärgerichtsbarkeit, geregelt. Mit der Festnahme von Militärpersonen befaßt sich namentlich der Erlaß des Reichswehrministeriums vom 30. April 1921. Danach steht das Recht der Polizei zur Festnahme von Angehörigen der Wehrmacht in demselben Umfange zu wie gegenüber Zivilpersonen; jedoch hat die Festnahme in militärischen Dienstgebäuden durch die Militärbehörde selbst zu erfolgen, wie auch in allen übrigen Fällen die Polizei die Festnahme — nach Möglichkeit — durch Angehörige der Wehrmacht bewirken lassen soll.

Von jeder Festnahme eines Militärangehörigen ist der vorgesetzten Dienstbehörde unverzüglich Nachricht zu geben, bzw. ist der Festgenommene unmittelbar seinem Truppenteil zuzuführen, falls nicht seine Entlassung nach Feststellung der Persönlichkeit tunlich wäre.

Das Vorführungsverfahren

ist unter Berücksichtigung des die Gerichtszuständigkeit bestimmenden Gerichtsverfassungsgesetzes durch polizeidienstliche Vorschriften geregelt.

Insbesondere ist die Zuständigkeit der Schöffengerichte, also bei Vorführungen die Amtsanwaltschaften, im § 27 dieses GVG. zu beachten. Durch das im März 1921 erlassene Reichsgesetz zur Entlastung der Gerichte ist die Grenze für die Zuständigkeit der Schöffengerichte für Vergehen des Diebstahls, der Unterschlagung, des Betruges, der Sachbeschädigung, der Begünstigung und der Hehlerei in den Fällen der §§ 242, 246, 263, 303, 258 Nr. 1 und des § 259 StGB. an Stelle des im § 28 GVG. festgesetzten Betrages des Wertes oder Schadens von 150 Mark auf 3000 Mark heraufgesetzt worden. Damit ist die Zuständigkeit der amtsgerichtlichen Amtsanwaltschaft bedeutend erweitert worden.

Durch das erwähnte Entlastungsgesetz ist die Zuständigkeit der Schöffengerichte und deren Amtsanwaltschaften aber auch auf schweren Diebstahl, Diebstahl und Betrug im strafschärfenden Rückfall ausgedehnt worden, jedoch nur, soweit der Wert oder Schaden 3000 Mark nicht übersteigt; ferner auf Begünstigung (gem. § 258 Nr. 2) und Hehlerei (gem. § 259 StGB.), wenn diese strafbaren Handlungen sich auf die vorbezeichneten Verbrechen mit der Wert- oder Schadensgrenze bis zu 3000 Mark beziehen.

Durch das Entlastungsgesetz vom 11. März 1921 können eine Reihe von Vergehen auf den Weg der Privatklage verwiesen werden. Der § 414 Abs. 1 der StPO. hat jetzt folgende Fassung:

„Im Wege der Privatklage können vom Verletzten verfolgt werden, ohne daß es einer vorgängigen Anrufung der Staatsanwaltschaft bedarf,

1. das Vergehen des Hausfriedensbruchs im Falle des § 123 StGB.;
2. die Vergehen der Beleidigung in den Fällen der §§ 185—187, 189 StGB., wenn nicht eine der im § 197 bezeichneten politischen Körperschaften beleidigt ist;
3. die Vergehen der Körperverletzung in den Fällen der §§ 223, 223a Abs. 1 und des § 230 StGB., sofern nicht die Körperverletzung mit Übertretung einer Amts-, Berufs- oder Gewerbepflicht begangen worden ist;
4. das Vergehen der Bedrohung (mit der Begehung eines Verbrechens) im Falle des § 241 StGB.;
5. das Vergehen der Verletzung fremder Geheimnisse im Falle des § 299 StGB.;

6. das Vergehen der Sachbeschädigung im Falle des § 303 StGB.;
7. alle nach dem Gesetze gegen den unlauteren Wettbewerb strafbaren Vergehen;
8. alle Verletzungen des literarischen, künstlerischen und gewerblichen Urheberrechts, soweit sie als Vergehen strafbar sind."

In allen vorstehend näherbezeichneten Fällen wird gemäß § 416 StPO. die öffentliche Klage von der Staatsanwaltschaft nur dann erhoben, wenn dies im öffentlichen Interesse liegt.

Bei der Aufnahme und Bearbeitung solcher Fälle hat sich der Polizeibeamte auf Vornahme derjenigen Erhebungen zu beschränken, welche unumgänglich notwendig sind, um einen ungefähren Überblick über den Sachverhalt zu ermöglichen. Mit einer kurzen Zusammenfassung des Sachverhalts ist der Vorgang alsdann der Staatsanwaltschaft zum weiteren Befinden einzusenden[1]).

Die Form des Haftbefehls.

Die Verhaftung erfolgt auf Grund eines schriftlichen Haftbefehls des Richters[2]). In dem Haftbefehl ist der Angeschuldigte genau zu bezeichnen und

---

[1]) Nach einer Dienstanweisung der Kriminalpolizei Berlin vom 28. 1. 21.

[2]) Auch des Untersuchungsrichters in der Voruntersuchung (§ 124), auch des Staatsanwalts zum Zwecke der Strafvollstreckung (§ 489).

die ihm zur Last gelegte strafbare Handlung sowie der Grund der Verhaftung anzugeben. Dem Angeschuldigten ist der Haftbefehl bei der Verhaftung oder spätestens am Tage nach seiner Einlieferung in das Gefängnis bekanntzumachen und zu eröffnen, daß ihm das Rechtsmittel der Beschwerde zustehe (§ 114).

Der die Verhaftung und Einlieferung ausführende Polizeibeamte hat — nach einer dienstlichen Anweisung — die Personenidentität mit dem im Haftbefehl (oder Steckbrief) Bezeichneten aktenkundig zu machen.

Der Festgenommene ist unverzüglich, falls kein Haftbefehl oder Steckbrief vorliegt und die vorläufige Festnahme von der kriminalpolizeilichen oder staatsanwaltschaftlichen Dienststelle nicht aufrechterhalten wird, dem Amtsrichter des Bezirks der Festnahme, also des Ergreifungsortes vorzuführen, der über den Haftantrag oder die Freilassung zu entscheiden hat[1]).

Unverzüglich heißt, ohne jede ungerechtfertigte Verzögerung; eine bestimmte Frist ist nicht festgesetzt, in der Regel erfolgt die Vorführung durch die Polizei am nächsten Tage, sie kann mit Genehmigung der vorgesetzten Dienstbehörde oder mit Einverständnis der Staatsanwaltschaft auch später erfolgen, wenn die Wichtigkeit des noch weiter aufzuklärenden Falles das

[1]) Über Gefangenen-Sammeltransporte vgl. Retzlaffs Polizeihandbuch (1922) S. 917; Einzeltransport S. 913.

Verbleiben des Festgenommenen im polizeilichen Gewahrsam erforderlich macht.

Ein Angeschuldigter, dessen Verhaftung lediglich wegen Fluchtverdachts angeordnet ist, kann gegen Sicherheitsleistung auf Entscheidung des zuständigen Gerichts mit der Untersuchungshaft verschont werden (§§ 117, 124 Abs. 1).

Der Steckbrief.

Auf Grund eines Haftbefehls können von dem Richter sowie von der Staatsanwaltschaft Steckbriefe erlassen werden, wenn der zu Verhaftende flüchtig ist oder sich verborgen hält (§ 131 Abs. 1).

Ohne vorgängigen Haftbefehl ist eine steckbriefliche Verfolgung nur dann statthaft, wenn ein Festgenommener aus dem Gefängnis entweicht oder sich sonst der Bewachung entzieht. In diesem Falle sind auch die Polizeibehörden zur Erlassung des Steckbriefs befugt (§ 131 Abs. 2). Der Steckbrief soll eine Beschreibung des zu Verhaftenden enthalten und die demselben zur Last gelegte strafbare Handlung sowie das Gefängnis bezeichnen, in welches die Ablieferung zu erfolgen hat (§ 131 Abs. 3).

Die Steckbriefe werden in den polizeilichen Fahndungs- und Regierungsamtsblättern, auch in Tages- und Fachzeitungen veröffentlicht, in erster Linie aber im „Deutschen Fahndungsblatt“, das vom

Polizeipräsidium Berlin herausgegeben wird. Als besondere Hilfsmittel sind hier noch zu nennen: die Notierung des Gesuchten im Einwohnermeldeamt und bei der Strafregisterbehörde sowie das Steckbriefregister[1].

Besonderheiten des Vorführungsverfahrens.

Kann der auf Grund eines Haftbefehls oder Steckbriefs Ergriffene nicht spätestens am Tage nach der Ergreifung dem zuständigen Richter vorgeführt werden, so ist er auf sein Verlangen sofort dem nächsten Amtsrichter vorzuführen. Seine Vernehmung ist spätestens am Tage nach der Ergreifung zu bewirken (§ 132).

Wenn Amtsgericht und Staatsanwaltschaft ihren Sitz am gleichen Orte haben, so können Staatsanwaltschaft, Polizeibehörde und Landgerichtspräsident vereinbaren, daß die Vorführungen vor den zuständigen Amtsrichter durch Vermittlung der Staatsanwaltschaft geschieht[2], wie es z. B. auch in Berlin der Fall ist.

Die Landjäger in Preußen dürfen den Festgenommenen direkt dem Amtsgericht vorführen, wenn das Amtsgericht dem Ergreifungsort näher liegt als der Sitz der Polizeibehörde[3].

[1]) Über dessen Einrichtung vgl. Näheres in meiner „Einführung in die Kriminaltechnik" (Berlin 1921) S. 73ff.

[2]) Erlaß d. Min. d. Innern vom 11. 7. 81 (MBl. d. in. Verw. S. 183) und Erlaß d. Min. d. Innern vom 3. 12. 89 (MBl. d. in. Verw. S. 220).

[3]) Erlaß d. Min. d. Innern vom 7. 8. 80 (MBl. d. in. Verw. S. 239).

In besonderen Fällen, z. B. bei Erkrankung, schwerer Verletzung, unmittelbar bevorstehender Niederkunft der festgenommenen Person kann ihre Vorführung auch in der Weise erfolgen, daß sie durch Übermittlung der Akten der zuständigen Gerichtsbehörde (bzw. Staatsanwaltschaft) zur Verfügung gestellt wird. Sogenannte „Symbolische Vorführung".

Die Nacheile.

Die Sicherheitsbeamten eines Bundesstaates sind ermächtigt, die Verfolgung eines Flüchtigen auf das Gebiet eines anderen Bundesstaates fortzusetzen und den Flüchtigen daselbst zu ergreifen. Der Ergriffene ist unverzüglich an das nächste Gericht oder die nächste Polizeibehörde des Bundesstaates, in welchem er ergriffen wurde, abzuführen (§ 168 Gerichtsverfassungsgesetz).

Das Reichskriminalpolizeigesetz vom 21. Juli 1922 (s. d. im Anhang) will hier Erleichterungen schaffen; vgl. insbesondere §§ 7, 8.

Ersuchen ausländischer Behörden um vorläufige Festnahme.

Die Verfolgung und Festnahme eines Ausländers im Inlande, der im Ausland eine strafbare Handlung begangen hat, kann zwecks Auslieferung nur auf Grund eines mit dem ersuchenden Auslandsstaate abgeschlossenen Auslieferungsvertrages erfolgen. In diesem Falle muß das die Verfolgung veranlassende Delikt vertragsmäßig aufgeführt sein. In allen anderen Fällen können gegenseitige Übung oder besondere ministerielle Vorschriften und Verfügungen[1]) die Verfolgung, Festnahme und Auslieferung ausländischer Verbrecher der Polizei Anlaß zum Einschreiten geben. Ausländische Festnahmeersuchen, die diese Bedingungen nicht erfüllen, sind dem Minister des Innern mit dem Bericht einzureichen, daß mangels verbürgter Gegenseitigkeit nichts veranlaßt worden sei. Geht das ausländische Ersuchen von einer Privatperson aus, so kann unter folgenden Bedingungen dem Ersuchen stattgegeben werden:

a) wenn es sich um besonders schwere Verbrechen handelt oder der ins Inland geflüchtete Verbrecher im Besitze wertvoller, durch die Straftat erlangter Objekte oder Geldmittel ist;

b) wenn hinsichtlich der Glaubwürdigkeit des Antragstellers keinerlei Bedenken vorliegen;

c) wenn vom Empfänger des Ersuchens gleichzeitig die zuständige ausländische Polizeibehörde telegraphisch um sofortige telegraphische Auskunft und Stellung entsprechender Anträge unter Mitteilung, ob Haftbefehl erlassen und Auslieferung beantragt wird, ersucht wird;

d) wenn gleichzeitig der Antragsteller telegraphisch oder, falls er anwesend ist, persönlich an-

---

[1]) Vgl. z. B. die Verf. d. preuß. Min. d. Innern vom 9. 6. 98 (MBl. f. d. in. Verw. S. 130).

gewiesen wird, sowohl bei der zuständigen ausländischen Polizeibehörde als auch beim zuständigen inländischen Konsulat entsprechende Anträge zu stellen.

Grundsätzlich sind Festnahmeersuchen ausländischer Behörden auf dem diplomatischen Wege zu erledigen und müssen daher an die zuständigen Ministerien geleitet werden[1]. Selbstverständlich gebietet die Sachlage oft ein sofortiges Einschreiten der Polizei, um des Verbrechers und seiner Beute überhaupt habhaft werden zu können. Ein solches sofortiges Einschreiten gegen einen als Verbrecher charakterisierten Ausländer rechtfertigt übrigens auch seine Festnahme zwecks Ausweisung (als eines lästigen Ausländers).

Bei der Festnahme (oder Ermittlung) eines gesuchten Ausländers ist sofort seine Staatsangehörigkeit und seine Identität zu der im Haftersuchen namhaft gemachten Person festzustellen. Ergibt sich hierbei, daß er Reichsausländer ist, so ist er in Polizeihaft zu bringen; befindet sich der Gesuchte schon in gerichtlicher Haft, so ist dafür zu sorgen, daß er nach Beendigung dieser Haft bis auf weiteres als Polizeigefangener festgehalten wird. Wird dagegen festgestellt, daß er Inländer ist, so ist er gemäß § 9 StPO. der Staatsanwaltschaft bzw. dem Gericht des Ergreifungsortes vorzuführen.

---

[1]) Ohne ministerielle Genehmigung darf jedenfalls keine Auslieferung erfolgen.

Wegen der im Auslande begangenen Verbrechen und Vergehen findet nach § 4 StGB. in der Regel keine Verfolgung statt, insbesondere auch nicht gegen Ausländer, die sich im Inlande aufhalten, ausgenommen, wenn er sich im Auslande einer hochverräterischen Handlung gegen das Deutsche Reich oder einen Bundesstaat, oder eines Münzverbrechens schuldig gemacht hat[1]).

Über den Auslieferungsverkehr vgl. Näheres in Retzlaffs Polizeihandbuch (28. Jahrgang, 1922) S. 893 ff.

Die Schutzhaft.

Die Polizei hat auf Grund ihrer vorbeugenden Tätigkeit auch die Befugnis, Personen zu ihrem eigenen Schutze[2]) oder zur Aufrechterhaltung der Ordnung, Ruhe und Sicherheit in Verwahrung, sog. Schutzhaft, zu nehmen, z. B. auch bei Fortsetzung einer Übertretung trotz Verwarnung, beispielsweise bei unerlaubtem Straßenhandel, bei Trunkenheit usw.

5. Die Vernehmung des Beschuldigten.

Die Vorschriften der StPO. §§ 133—136 gelten eigentlich nur für die Vernehmung des Beschuldigten

---

[1]) Der § 4 enthält weitere Bestimmungen der Verfolgbarkeit der durch einen Deutschen im Auslande begangenen strafbaren Handlungen.

[2]) Z. B. bei Bedrohungen durch das sich ansammelnde Straßenpublikum.

durch Staatsanwalt und Richter, sind also für polizeiliche Vernehmungen, die ohnedies nur informatorischen Charakter haben, nicht bindend. Gleichwohl ist auch bei den polizeilichen Vernehmungen des Beschuldigten der im § 136 StPO. aufgestellte Grundsatz zu beachten, daß die Vernehmung dem Beschuldigten Gelegenheit zur Beseitigung der gegen ihn vorliegenden Verdachtsgründe und zur Geltendmachung der zu seinen Gunsten sprechenden Tatsachen geben soll, denn die Staatsanwaltschaft (und somit auch deren polizeilichen Hilfsbeamten) hat gemäß § 158 Abs. 2 StPO. auch die entlastenden Umstände einer Straftat zu beachten.

Bei der ersten Vernehmung des Beschuldigten ist zugleich auf die Ermittlung seiner persönlichen Verhältnisse (auch Vorbestrafung) Bedacht zu nehmen (§ 136 Abs. 3 StPO.).

Bei der verantwortlichen Vernehmung der strafmündigen Minderjährigen (vom 12.—18. Lebensjahre §§ 56, 57 StGB.) ist auch anzugeben, bei welchem Standesamt ihre Geburt beurkundet ist sowie Name und Wohnung des gesetzlichen Vertreters des Beschuldigten[1]).

6. Die Vernehmung der Zeugen.

Die Vorschriften der StPO. §§ 48—71 über die Vernehmung der Zeugen sind für die richterlichen

---

[1]) Vgl. Verf. d. pr. Min. d. Innern vom 22. 7. 02 (MBl. d. in. Verw. S. 159).

Vernehmungen bindend, denn eine Zeugnispflicht besteht bei polizeilichen Vernehmungen überhaupt nicht. Demnach gelten für den vernehmenden Polizeibeamten auch nicht die Vorschriften über das Zeugnisverweigerungsrecht[1]). Da aber bei den Vorschriften über die Beschlagnahme von schriftlichen Mitteilungen (§ 97 StPO.) auf die zeugnisverweigerungsberechtigten Personen Bezug genommen ist, muß auch der Polizeibeamte diese näher kennen lernen.

Nach § 51 StPO. sind zur Verweigerung des Zeugnisses berechtigt:

1. der Verlobte[2]) des Beschuldigten;
2. der Ehegatte des Beschuldigten, auch wenn die Ehe nicht mehr besteht;
3. diejenigen, welche mit dem Beschuldigten in gerader Linie verwandt[3]), verschwägert[3]) oder durch Adoption verbunden[4]), oder in der Seitenlinie bis zum dritten Grade verwandt[2]) oder bis zum zweiten Grade verschwägert[2]) sind,

[1]) Macht ein Zeuge vor Gericht von seinem Zeugnisverweigerungsrecht Gebrauch, so kann der Polizeibeamte, dem er bereits Angaben gemacht hat, über diese Angaben als Zeuge vernommen werden (RGE. vom 5. 5. 14, Bd. 48, S. 246).

[2]) Unter Verlöbnis hat jedes ernstlich gemeinte Eheversprechen zu gelten, wenn es zur Zeit der Zeugnisablegung noch besteht.

[3]) Auch bei Unehelichkeit der Geburt; Ehemänner zweier Schwestern sind nicht verwandt oder verschwägert.

[4]) Nur Adoption in gerader Linie ist darunter zu verstehen.

auch wenn die Ehe, durch welche die Schwägerschaft begründet ist, nicht mehr besteht[1]).

Die bezeichneten Personen sind vor jeder Vernehmung[2]) über ihr Recht zur Verweigerung des Zeugnisses zu belehren. Sie können den Verzicht auf dieses Recht auch während der Vernehmung widerrufen.

Nach § 52 sind zur Verweigerung des Zeugnisses ferner berechtigt:

1. Geistliche in Ansehung desjenigen, was ihnen bei Ausübung der Seelsorge anvertraut ist;
2. Verteidiger des Beschuldigten in Ansehung desjenigen, was ihnen in dieser ihrer Eigenschaft anvertraut ist;
3. Rechtsanwälte und Ärzte in Ansehung desjenigen, was ihnen bei Ausübung ihres Berufs anvertraut ist[3]).

Die unter Nr. 2, 3 bezeichneten Personen dürfen das Zeugnis nicht verweigern, wenn sie von der Verpflichtung zur Verschwiegenheit entbunden sind.

Nach § 53 dürfen öffentliche Beamte, auch wenn sie nicht mehr im Dienst sind, über Umstände, auf welche sich ihre Pflicht zur Amtsverschwiegenheit

---

[1]) Das Zeugnisverweigerungsrecht bleibt auch noch nach dem Tode des Angeklagten bestehen.

[2]) Das Erfordernis der Belehrung ist nicht für polizeiliche Vernehmungen aufgestellt (RGE. vom 28. 6. 86 und vom 8. 12. 96).

[3]) Unter der gleichen Voraussetzung auch Reichs- und Landtagsabgeordnete nach Art. 38 der Reichsverfassung.

bezieht, als Zeugen nur mit Genehmigung ihrer vorgesetzten Dienstbehörde oder der ihnen zuletzt vorgesetzt gewesenen Dienstbehörde vernommen werden[1]). Die Genehmigung darf nur versagt werden, wenn die Ablegung des Zeugnisses dem Wohle des Reichs oder eines Bundesstaates Nachteil bereiten würde.

Jeder Zeuge kann die Auskunft auf solche Fragen verweigern, deren Beantwortung ihm selbst oder einem der im § 51 Nr. 1—3 bezeichneten Angehörigen die Gefahr strafgerichtlicher Verfolgung[2]) zuziehen würde (§ 54 StPO.).

Zeugen einer strafbaren Handlung, die dem Beamten die Angaben ihrer Personalien verweigern, können zur Feststellung ihrer Persönlichkeit sistiert werden (RGE. v. 25. 5. 1886, Bd. 8, S. 390).

Die Zeugenvernehmung stellt, wenn sie, namentlich in schwierigen Fällen und wenn der Täter noch nicht ermittelt ist, große Anforderungen an den Vernehmenden; namentlich psychologische Kenntnisse sind die Voraussetzung einer erfolgreichen Vernehmungstechnik. Die bisherigen wissenschaftlichen Ergebnisse der Psychologie der Aussage, über die bereits eine umfassende Literatur vorhanden ist, sollten in den Grundzügen jedem vernehmenden Beamten der Polizei und des Gerichtes vertraut sein.

---

[1]) Der Polizeibeamte wird nur in zweifelhaften Fällen die Genehmigung der vorgesetzten Dienstbehörde einzuholen haben, insbesondere wenn es sich um innere Dienstvorgänge handelt. [2]) Nicht etwa bloß disziplinarer Verfolgung.

Da die Zeugen bei den polizeilichen Vernehmungen keine Zeugengebühr beanspruchen können, ist auf deren persönliche und berufliche Verhältnisse möglichst Rücksicht zu nehmen. Oft genügen einfache Befragungen in der Wohnung der Auskunftsperson oder die Aufforderung zu schriftlichen Bekundungen und Auskunftsmitteilungen. Vgl. auch den preuß. Min.-Erl. v. 7. 12. 1900 (MBl. S. 57).

7. Die Zuziehung von Sachverständigen.

Die formellen Vorschriften über die Vernehmung von Sachverständigen (§§ 72ff.) sind für die Polizei nicht maßgebend; doch ist hervorzuheben, daß dieselben Gründe, welche einen Zeugen berechtigen, das Zeugnis zu verweigern, auch einen Sachverständigen zur Verweigerung des Gutachtens berechtigen. Die Vernehmung eines öffentlichen Beamten als Sachverständigen findet nicht statt, wenn die vorgesetzte Behörde des Beamten erklärt, daß die Vernehmung den dienstlichen Interessen Nachteil bereiten würde (§ 76).

Dem Sachverständigen kann auf sein Verlangen zur Vorbereitung des Gutachtens durch Vernehmung von Zeugen oder des Beschuldigten weitere Aufklärung verschafft werden. Zu demselben Zwecke kann ihm gestattet werden, die Akten einzusehen[1]), der Vernehmung von Zeugen oder des Beschuldigten bei-

[1]) Wegen Akteneinsichtnahme des Verteidigers vgl. § 147 StPO.

zuwohnen und an dieselben unmittelbar Fragen zu stellen (§ 80 StPO.).

Zur Aufklärung strafbarer Handlungen kann die Kriminalpolizei sowohl beim ersten Angriff, wie auch im weiteren Verlauf der Vorbereitung der öffentlichen Klage Sachverständige zuziehen. Es kommen vor allem in Betracht: Gerichtsärzte (bei Kapitalverbrechen und Aufklärung zweifelhafter Todesfälle), Gerichtschemiker, Schießsachverständige, Schriftsachverständige, Dolmetscher (bei der Vernehmung von Ausländern oder von Taubstummen); aber auch Sachverständige aus dem Gewerbe- und Handelsstand können in bestimmten Einzelfällen herangezogen werden, z. B. zur zuverlässigen Beurteilung von am Tatort aufgefundenen Gegenständen (Werkzeugen usw.) des Täters.

Bei Münzverbrechen sind die Münzen oder Geldscheine (Banknoten) erforderlichenfalls derjenigen Behörde vorzulegen, von welcher echte Münzen oder Banknoten dieser Art in Umlauf gesetzt werden. Das Gutachten dieser Behörde ist über die Unechtheit oder Verfälschung sowie über die Fälschungsart einzuholen. Bei ausländischen Geldsorten kann ebenfalls das Gutachten einer deutschen Behörde erfordert werden (§ 92 StPO.).

Bei der Reichsbank in Berlin ist vor einigen Jahren eine zentralisierte Falschgeldabteilung eingerichtet worden, die sich mit der Verfolgung von Münzverbrechen und der Begutachtung der Fälschungen befaßt. (Siehe Näheres unter „Zentralpolizeistellen", S. 111.)

8. Augenschein und Leichenschau.

Die Bestimmungen der §§ 86ff. StPO. beziehen sich nur auf richterliche Tätigkeiten, deren Kenntnis aber den Kriminalbeamten nicht unbekannt sein dürfen.

Findet die Einnahme eines richterlichen Augenscheins (insbesondere bei Tatortsbesichtigungen) statt, so ist im Protokolle (des miterschienenen Gerichtsschreibers) der vorgefundene Sachbestand festzustellen und darüber Auskunft zu geben, welche Spuren oder Merkmale, deren Vorhandensein nach der besonderen Beschaffenheit des Falles vermutet werden konnte, gefehlt haben (§ 86). In der Regel wird der richterliche Augenschein infolge der polizeilichen (oder staatsanwaltschaftlichen) Augenscheinseinnahme überflüssig sein. Bei der (polizeilichen) Feststellung des objektiven Tatbestandes (in Berichtsform) wird der leitende Beamte jene Bestimmung des § 86 ebenfalls zu beachten haben, vor allem die durch den Täter verursachten Änderungen am Tatorte unter genauer Angabe des Spurenbefundes zu schildern haben[1]).

Die richterliche Leichenschau wird unter Zuziehung eines Arztes, die Leichenöffnung (Obduktion) im Beisein des Richters von zwei Ärzten[2]), unter welchen sich ein Gerichtsarzt befinden muß, vor-

[1]) Vgl. Näheres in meiner „Kriminalistischen Spurensicherung".

[2]) Die Leichenöffnung ist nicht dem Arzt zu übertragen, der den Verstorbenen in der dem Tode unmittelbar vorausgegangenen Krankheit behandelt hat.

genommen (§ 87). Behufs der Besichtigung oder Öffnung einer schon beerdigten Leiche ist ihre Ausgrabung statthaft. Die Erklärungen der Ärzte über den Befund, sowie ihr Gutachten der Todesursache sind in das Protokoll aufzunehmen. Vor der Leichenöffnung ist nach Möglichkeit die Persönlichkeit des Verstorbenen festzustellen, insbesondere durch Befragung von Personen, die den Verstorbenen gekannt haben. Einem (bereits vorhandenen) Beschuldigten ist die Leiche zur Anerkennung vorzuzeigen (§ 88). Liegt der Verdacht einer Vergiftung vor, so ist die Untersuchung der in der Leiche oder sonst gefundenen verdächtigen Stoffe durch einen Chemiker oder durch eine für solche Untersuchungen bestehende Fachbehörde, zweckmäßigerweise auch unter Mitwirkung oder Leitung eines Arztes, vorzunehmen (§ 91).

9. Polizeiliche Identitätsfeststellungen.

Die Feststellung der persönlichen Verhältnisse des Beschuldigten und Angeklagten, auch von Leichen, spielt im Strafverfahren eine wichtige Rolle; vgl. z. B. die §§ 88, 112 Abs. 2 Ziff. 2, 114, 127; Abs. 1, 131; Abs. 3, 242. Bei einfachen und zweifelsfreien Fällen genügt eine bloße Befragung des Beschuldigten usw. durch den Richter; bei schwierigen und zweifelhaften Fällen bedarf es dagegen oft langwieriger Ermittlungen, selbst der Zuziehung von Sachverständigen, z. B. bei notwendigen Schriftvergleichungen. Die eigentliche Aufgabe der Personenidentifizierungen ist aber dem polizeilichen Erkennungsdienst übertragen, der — bei den Landeszentralen — im Besitze umfangreichen Erkennungsmaterials über die Verbrecher, auch Vermißte und unbekannte Tote ist. Viele Verbrecher, namentlich auch ausländische, versuchen durch Führung falscher Namen ihre schlechte Vergangenheit zu verbergen, weil sie bei der Festnahme und nachfolgenden Verurteilung, insbesondere bei Rückfalldelikten sowie bei noch schwebenden früheren Strafverfahren, eine längere und zum Teil schwerere Freiheitsstrafe zu gewärtigen haben. Die polizeilichen Hilfsmittel der Personenfeststellung habe ich in meiner „Einführung in die Kriminaltechnik" eingehend dargestellt und kann hierauf verweisen.

Hier seien nur noch einige juristische Fragen der Personenfeststellung berührt.

a) Das Personenbildnis.

Abgesehen von der (früher nur ganz oberflächlich ausgeführten) Personenbeschreibung war das photographische Bildnis des Verbrechers das erste technische Hilfsmittel zur Wiedererkennung eines (vorbestraften) Rückfälligen[1]).

---

[1]) Die ersten (bis jetzt nachweisbaren) Verbrecherbildnisse (Daguerrotypien) wurden in den Jahren 1843, 1844 in belgischen Steckbriefen veröffentlicht. Erst seit Einführung der photographischen Trockenplatte (1871) wurde die Anwendung des Lichtbildes seitens der Polizei allgemein verbreitet.

Die anfänglichen Sammlungen solcher Verbrecherporträts (nebst Beschreibungen) führten zur Einrichtung des Verbrecheralbums; das erste wurde im Jahre 1876 bei der Kriminalpolizei Berlin eingeführt. Das Verbrecheralbum hat den Zweck, den Zeugen und Geschädigten Gelegenheit zu geben, aus dieser nach Verbrecherkategorien eingeteilten Photographiensammlung den (bisher unbekannten) Täter wiederzuerkennen und zu ermitteln.

Die rechtliche Grundlage der polizeilichen Aufnahme und Verbreitung von in Untersuchung gezogenen Personen ergibt sich aus der klaren Bestimmung des § 24 des Gesetzes, betreffend das Urheberrecht an Werken der bildenden Künste und der Photographie vom 9. Januar 1907, der lautet: „Für Zwecke der Rechtspflege und der öffentlichen Sicherheit dürfen von den Behörden Bildnisse ohne Einwilligung des Berechtigten sowie des Abgebildeten oder seiner Angehörigen vervielfältigt, verbreitet und öffentlich zur Schau gestellt werden."

Die Zuständigkeit der Polizei zur Aufnahme und geeigneten Verwertung des Erkennungsmaterials, insbesondere auch der Photographien, zum Zwecke der Feststellung der Persönlichkeit ist ein Ausfluß der Polizeirechte im Sinne des AllgLR. II, 17, § 10 (für Preußen), so daß das Sichsträuben eines Verhafteten gegen die polizeiliche photographische Aufnahme als Vergehen des Widerstandes gegen die Staatsgewalt anzusehen ist, wie das Reichsgerichtsurteil vom 2. Juni 1899 (E. Bd. 32, S. 199) näher ausführt[1]).

Über die Aufnahme von Verbrecherbildnissen „zum Zwecke der Rechtspflege und der öffentlichen Sicherheit" entscheidet lediglich die in das polizeiliche Ermessen gestellte Anordnung. Für das Berliner Verbrecheralbum gelten folgende Grundsätze: „Für das Verbrecheralbum dürfen nur solche Personen photographiert werden, die entweder bereits vorbestraft sind oder durch die zurzeit von ihnen begangene Straftat und deren Ausführung ihre Zugehörigkeit zum gewerbsmäßigen Verbrechertum bekundet haben. Die Aufnahme des Bildes in das Verbrecheralbum darf erst erfolgen, wenn die dargestellte Person ein Geständnis der Straftat, anläßlich deren sie photographiert wurde, abgelegt hat, oder rechtskräftig verurteilt ist ... Die Verwendung zu Ermittlungszwecken ist statthaft."

Auch für die Entfernung der Bilder aus dem Album sind keine besonderen Bestimmungen vorhanden, so daß auch hier das polizeiliche Ermessen entscheidet.

Eine ganz andere Frage ist die, ob außer den angegebenen Fällen Verbrecherbildnisse ohne Einwilligung des Abgebildeten verbreitet, insbesondere veröffentlicht werden dürfen, z. B. in

[1]) Vgl. auch meine Ausführungen über die rechtlichen Grundlagen des Verbrecheralbums in meiner „Einführung i. d. Kriminaltechnik" S. 59ff.

illustrierten Tageszeitungen oder in wissenschaftlichen Werken. Diese Frage ist grundsätzlich zu verneinen. Die im § 23 des angeführten Photographieschutzgesetzes vorgesehenen Ausnahmen des Rechtes am eigenen Bilde beziehen sich u. a. auf Bildnisse aus dem Bereiche der Zeitgeschichte, zu denen nach herrschender Lehre aber die Verbrecherbildnisse nicht gehören. Dagegen soll eine Schaustellung, soweit sie sich auf einen engen Kreis beschränkt, nach den Motiven des Gesetzes freibleiben, also z. B. das Vorzeigen solcher Bildnisse bei wissenschaftlichen Vorlesungen und Vorträgen, auch in Kriminalmuseen. In allen anderen Fällen ist die Einwilligung des Abgebildeten (bzw. seiner Angehörigen) erforderlich[1]).

b) Die Personenbeschreibung.

In Ergänzung der Personenbildnisse hat, namentlich zu polizeilichen Zwecken, bei der erkennungsdienstlichen Behandlung des Verhafteten auch eine genaue Beschreibung der Person zu erfolgen. Maßgebend hierfür sind die Regeln der Signalementslehre (bzw. des portrait parlé nach Bertillon), die in dem gleichnamigen Lehrbuch des Verfassers[2]) eingehend dargestellt sind. Die bei den Erkennungsämtern (der Polizeizentralen) vorhandenen Personenbeschreibungen müßten in allen wichtigeren Fällen

[1]) Vgl. hierzu meine Ausführungen in der Deutschen Strafrechtszeitung, Heft 1/2 von 1922, S. 38.

[2]) 2. Aufl. München 1922 bei J. Schweitzer erschienen.

einer steckbrieflichen Verfolgung eingeholt und verwertet werden, was aber bisher nur ganz ausnahmsweise geschieht. Dafür geben sich die Behörden gewöhnlich mit lückenhaften oder unzuverlässigen Beschreibungen (in den Steckbriefen) zufrieden, trotzdem in sehr vielen Fällen amtlich aufgenommene Beschreibungen des Gesuchten vorhanden sind und leicht beschafft werden könnten.

c) Der Fingerabdruck.

Das wichtigste und zuverlässigste Erkennungshilfsmittel bietet das Fingerabdruckverfahren oder die Daktyloskopie[1]. Die rechtliche Seite der Anwendung dieses Verfahrens ist ebenso zu beurteilen wie die photographische Aufnahme des Verhafteten.

Außer der Anwendung der Daktyloskopie zur polizeilichen Persönlichkeitsfeststellung bei Einlieferungen bietet der Tatortfingerabdruck noch ein sehr wichtiges Hilfsmittel zur Aufklärung bestimmter Verbrechen.

Bei der Einfachheit und Billigkeit des Fingerabdruckverfahrens wäre eine weitere Ausdehnung desselben im Strafverfahren (auch Strafvollstreckungsverfahren) dringend erwünscht, da es oft vorkommt, daß ein Mensch in späteren gerichtlichen Verfahren seine Identität zu früheren (gerichtlich anhängigen oder abgeschlossenen) Strafvorgängen zu Unrecht ableugnet.

---

[1]) Vgl. hierüber u. a. Näheres in meiner „Einführung in die Kriminaltechnik" S. 27 ff.

Der in diesen Fällen gewöhnlich zu Gebote stehende Beweis durch Schriftvergleichung oder Vergleichung des Signalements ist in der Regel nicht so bestimmt und zuverlässig, wie z. B. das Vorhandensein eines einzigen Fingerabdrucks des Beschuldigten in den Strafakten (oder in den Gefängnisakten), der mit Gewißheit schon zur Personenidentifizierung ausreicht.

10. Die Strafgewalt der Polizei.

Die Polizeibehörden sind, soweit dies die Landesgesetze bestimmen, befugt[1]), eine in den Strafgesetzen angedrohte Strafe durch Verfügung festzusetzen. Die polizeiliche Strafverfügung darf sich jedoch nur auf Übertretungen erstrecken (§ 453 Abs. 1 StPO.). Die strafende Polizeibehörde muß sowohl örtlich, wie sachlich zuständig sein.

Die Polizeibehörde kann keine andere Strafe als Haft bis zu 14 Tagen oder Geldstrafe und Haft als Ersatzstrafe für die nicht beitreibbare Geldstrafe sowie eine etwa verwirkte Einziehung[2]) verhängen (§ 453 Abs. 2 StPO.). Über diesen Rahmen der polizeilichen Strafgewalt hinaus dürfen die Landesgesetze nicht gehen, können ihn aber enger fassen, wie es z. B. in dem preußischen Gesetz, betr. den Erlaß polizeilicher

[1]) Vgl. auch § 6 Abs. 2 Ziff. 3 des Einführungsgesetzes zur StPO.

[2]) Soweit solche bei Übertretungen als Nebenstrafe vorgesehen ist, z. B. in §§ 360, 367, 369 StGB., auch im Feld- und Forstpolizeigesetz.

Strafverfügungen wegen Übertretungen vom 23. April 1883 (im § 1) geschehen ist, wonach die Polizeibehörden nur Geldstrafen bis zu 30 Mark[1]) oder Haft bis zu drei Tagen festsetzen dürfen. (Die Ausführungsbestimmungen vom 8. Juni 1883 zu diesem Gesetz sind im Anhang abgedruckt.) Der Landesgesetzgebung steht auch die Bestimmung darüber zu, ob gegen bedingt strafmündige Personen, welche zur Zeit der Tat das 18. Lebensjahr also noch nicht vollendet haben, polizeiliche Strafverfügungen erlassen werden können. Das preußische Gesetz enthält im § 3 eine solche Bestimmung.

Was muß die Strafverfügung enthalten?

Sie muß enthalten:

1. Zeit und Ort der strafbaren Handlung,
2. das angewendete Strafgesetz[2]),
3. die Beweismittel der Straftat,
4. die Höhe der festgesetzten Strafe und Angabe der Kasse, an welche die Geldstrafe zu zahlen ist,
5. die Eröffnung, daß der Beschuldigte binnen einer Woche nach der Bekanntmachung gerichtliche Entscheidung beantragen könne, und zwar entweder bei der strafverfügenden Polizeibehörde oder bei dem zuständigen Amtsgericht[3]),

---

[1]) Durch Gesetz über Erhöhung von landesrechtlich festgesetzten Geldbeträgen (Ges.S. vom 19. April 1922) auf 300 Mark erhöht.

[2]) Reichs- oder Landesgesetz oder Strafverordnung.

[3]) Der Antrag kann bei der Polizei schriftlich oder mündlich, bei dem Amtsgericht schriftlich oder zu Protokoll des Gerichtsschreibers erfolgen (§ 454 StPO.).

6. die Eröffnung, daß die Strafverfügung vollstreckt werde, wenn innerhalb der bestimmten Frist die gerichtliche Entscheidung nicht beantragt werde (§ 453 Abs. 3 StPO.).

Die Strafverfügung unterbricht wie eine richterliche Handlung die Verjährung, deren Frist (bei Übertretungen) drei Monate beträgt.

Falls die Polizei die Strafverfügung beim Antrag auf gerichtliche Entscheidung nicht zurücknimmt, übersendet sie die Akten der zuständigen Staatsanwaltschaft.

11. Die vorbeugende Tätigkeit der Polizei.

Die Polizei hat auch die Aufgabe, der Begehung von Verbrechen vorzubeugen[1]). Eine der wesentlichsten Maßregeln in dieser Richtung ist gerade die Polizeiaufsicht. Aber auch in manchen anderen Lebenslagen wird die Polizei um Schutz gegen drohende Rechtsverletzungen oder drohende strafbare Handlungen angerufen und entfaltet, z. B. bei Miets- und Gesindestreitigkeiten, eine Art friedensrichterlicher Tätigkeit. Der § 289 StGB. bedroht die rechtswidrige Wegnahme von Sachen, die einem Zurück-

[1]) Dies ergibt sich (für Preußen) schon aus der oben S. 8 mitgeteilten Grundbestimmung. Weiter vgl. Art. 102 des bayerischen Ausführungsgesetzes zur StPO.: „Die Behörden des Polizei- und Sicherheitsdienstes sind verpflichtet, durch Aufsicht und Anstalten den Übertretungen der Strafgesetze möglichst zuvorzukommen und dieselben in ihrem Lauf zu unterdrücken."

behaltungsrecht unterworfen sind, mit Strafe. Wird der Vermieter in Ausübung dieses Rechts seitens des Mieters unter Anwendung oder Androhung gewaltsamer Maßregeln gestört, so kann der Vermieter die Hilfe der Polizei in Anspruch nehmen; sie ist verpflichtet, ihn gegen Gewalt zu schützen und hat das Recht, im Sinne der Verhütung eines Vergehens nach § 289 StGB. einzuschreiten[1]), was sie übrigens auch schon auf Grund ihrer allgemeinen Befugnisse zur Erhaltung der öffentlichen Ruhe, Sicherheit und Ordnung tun kann.

Noch viel wichtiger ist aber die vorbeugende Tätigkeit der Polizei bei ernsteren Gefährdungsdelikten. Seitdem die Kriminalität infolge der außergewöhnlich schlechten wirtschaftlichen Lage der Bevölkerung sich weit über dem normalen Durchschnitt bewegt, sind der Polizei neue Aufgaben der Verbrechensbekämpfung erwachsen. Als eine aus der Not der Zeit entstandene Einrichtung dieser Art von Vorbeugungsmitteln ist im Mai 1921 bei der Berliner Kriminalpolizei die erste amtliche „Beratungsstelle zum Schutze gegen Einbruch und Diebstahl" in Erscheinung getreten, deren günstige Erfolge das preußische Ministerium des Innern zur Empfehlung weiterer Beratungsstellen in den Provinzstädten Anlaß gegeben hat. Der Erlaß vom 10. Dezember 1921 (II. C. 2211) führt dazu folgendes aus:

---

[1]) Vgl. auch Entsch. des Oberverwaltungsgerichts vom 26. 3. 81, Bd. 7, S. 378.

„Die Zunahme der Verbrechen und Vergehen gegen das Eigentum legt es nahe, dieser Erscheinung nicht nur durch Strafverfolgung, sondern auch durch Aufklärung der Behörden und der Bevölkerung über sachdienliche Maßnahmen und Mittel zur Verhütung von Diebstählen und Einbrüchen entgegenzuwirken. Diese vorbeugende Tätigkeit bietet der Kriminalpolizei Gelegenheit, ihre Erfahrungen der Allgemeinheit nutzbar zu machen. In allen Kreisen der Bevölkerung hat sich auch das Bedürfnis nach einer amtlichen Beratungsstelle im Kampfe gegen das Verbrechertum geltend gemacht. Das Polizeipräsidium in Berlin hat ihm seit einiger Zeit dadurch Rechnung getragen, daß es Beratungsstellen zum Schutz gegen Einbruch und Diebstahl eingerichtet hat, die sich bisher gut bewährt haben und sowohl von Behörden und Privatpersonen im eigenen Interesse, als auch von Fabrikanten und Handwerkern im Interesse der Herstellung von Schlössern und Sicherungen aller Art gegen Einbrüche für andere lebhaft in Anspruch genommen worden sind.

Es empfiehlt sich daher, auch bei den übrigen Polizeiverwaltungen solche Beratungsstellen einzurichten."

Eine vorbeugende Tätigkeit hat die Polizei (insbesondere die „Sittenpolizei") bei der Bekämpfung der Geschlechtskrankheiten auszuüben. Diese Tätigkeit hat durch die Verordnung der Reichsregierung vom 11. Dezember 1918 (RGBl. S. 1431), betr. die

Bekämpfung der Geschlechtskrankheiten, eine erhöhte Bedeutung gewonnen, nachdem im § 3 dieser Verordnung die Ansteckung mit einer Geschlechtskrankheit mit Strafe bedroht wurde[1]).

In diesem Kapitel ist auch das allgemeine Verbot der polizeilichen Verwendung von Lockspitzeln (agents provocateurs) zu nennen, worunter aber nicht die Verwendung von Polizeivigilanten zur Auskundschaftung (und gegebenenfalls auch rechtzeitiger Verhütung geplanter Straftaten der gewerbsmäßigen Verbrecher) zu verstehen ist[2]).

Es ist unter allen Umständen unzulässig, daß Polizeibeamte selbst oder durch Dritte, sei es gegen Entgelt oder ohne Entgelt, Personen zur Begehung strafbarer Handlungen zu veranlassen suchen, um dadurch einen bestehenden Verdacht bestätigt zu erhalten[3]).

Zur vorbeugenden Tätigkeit des Polizeibeamten gehört aber auch der Schutz seiner eigenen Person, als dessen wirksamstes Mittel der

Waffengebrauch

zu gelten hat.

---

[1]) Über Schutzmaßregeln gegen Verbreitung der Geschlechtskrankheiten vgl. noch den preuß. MinErl. vom 11. Dezember 1907 (MBl. 1908 S. 14). Ein neues, diese Materie regelndes Reichsgesetz ist in Vorbereitung.

[2]) Vgl. dazu Stieber-Schneickert, Praktisches Lehrbuch der Kriminalpolizei, Berlin 1921, S. 20ff.

[3]) Preuß. MinErl. vom 9. 4. 13 (zitiert nach Retzlaffs Polizeihandbuch).

Die Belehrung der Polizeibeamten über den Waffengebrauch ist Sache des Polizeiunterrichts und der Dienstinstruktion, zumal die Vorschriften hierüber durchaus nicht einheitlich sind. In Preußen bestehen sogar verschiedene Anweisungen für die Exekutivpolizei und für die Landjägerei; für letztere ist die Dienstvorschrift vom 20 Juli 1906 (§§ 148 ff.) maßgebend. Durch Erlaß des Ministeriums des Innern vom 24. Juli 1919 wurde das Waffengebrauchsrecht für Landjäger, Polizeiexekutivbeamte und Hilfsbeamte den Verhältnissen der unruhigen Zeiten entsprechend erweitert. Dieser Schießerlaß wurde aber durch den Erlaß vom 15. Dezember 1921 wieder wesentlich gemildert, insofern er das Schießen auf flüchtige Personen bei offensichtlich geringfügigen Verfehlungen, insbesondere solchen politischen Charakters, sowie jedes Schießen auf Kinder verbietet. Im einzelnen ergibt sich aus diesem neuen Erlaß das Recht des Waffengebrauchs des Polizeibeamten, wie folgt:

Der Beamte darf seine Waffe zum Anhalten von Personen anwenden, die sich der Feststellung, Festnahme und Festhaltung seitens des Beamten entziehen wollen; er hat die von ihm festgenommenen Personen unverzüglich darauf hinzuweisen, daß bei Fluchtversuch von der Schußwaffe Gebrauch gemacht werden könne.

Einem gegenwärtigen rechtswidrigen Angriff kann der Beamte ohne weiteres mit der Schußwaffe entgegentreten, sofern diese Art der Verteidigung erforderlich ist. Der besonderen Aufforderung zur Weglegung der Waffen an den Gegner bedarf es in solchen Fällen nicht, da er in Notwehr handelt (§ 53 StGB.). Bei Bedrohung mit gegenwärtiger Gefahr für Leib und Leben kann der Beamte ebenfalls ohne Aufforderung zur Niederlegung der Waffen Gebrauch machen. (Vergl. § 52 StGB.) Führt der Gegner sichtlich Waffen mit sich, die zu einem Angriff jederzeit benutzt werden können und auf Aufforderung nicht niedergelegt werden, so ist der Beamte zum eigenen Gebrauch seiner Schußwaffe befugt. Kann der Beamte im Einzelfalle nicht deutlich erkennen, ob der Gegner Waffen führt, sei es, daß dieser die Hände verborgen hält, sei es wegen Dunkelheit, so gibt ihm bei drohender Gefahr die Nichtbeachtung des Rufes „Hände hoch oder ich schieße" das Recht zum Waffengebrauch. Gegen die Gefahr, mit heimlich mitgeführten Waffen vom Gegner angegriffen zu werden, muß sich der Beamte bei der Festnahme durch Abfühlen der Kleider des Festgenommenen und Wegnahme etwa vorhandener Waffen sichern. Der Beamte kann die Waffe nicht nur zum Schutze seiner eigenen Person, sondern auch zu dem einer anderen Person, die sich in seinem Schutze befindet, anwenden, was sich schon aus der Bestimmung des Notwehrparagraphen ergibt[1]).

---

[1]) Nach Schütze, Zur Frage des Waffengebrauchsrechts, „Polizei" Nr. 13 vom 5. Oktober 1922, S. 222, wo auch noch der Waffengebrauch zusammengefaßter Exekutivmannschaften behandelt wird.

Die Überschreitung der Notwehr ist nicht strafbar, wenn der Täter in Bestürzung, Furcht oder Schrecken über die Grenzen der Verteidigung hinausgegangen ist (§ 53, Abs. 3 StGB.). Über die Straflosigkeit der sogenannten „Putativnotwehr" d. h. irrtümliche Annahme eines gegenwärtigen rechtswidrigen Angriffs (im Sinne der Notwehr), sind die juristischen Meinungen geteilt.

12. Zentralpolizeistellen.

Zur wirksamen Bekämpfung des Verbrechens sind bei einzelnen Landespolizeizentralen oder beim Polizeipräsidium Berlin Zentralstellen geschaffen worden, die im nachstehenden aufgeführt werden sollen (mit den entsprechenden Gesetzesbestimmungen):

1. Der Reichserkennungsdienst (auch daktyloskopische Reichszentrale bezeichnet) beim Polizeipräsidium Berlin. Besteht seit 1897, zunächst als „Reichsmeßzentrale" durch Vereinbarung der Vertreter der deutschen Bundesregierungen eingeführt. Daneben bestehen seit einer Reihe von Jahren auch Landeszentralen mit eigenem Erkennungsmaterial der Verbrecher, so in Dresden, Hamburg, München, Stuttgart und seit 1922 auch in Karlsruhe. Bei der Münchener Polizeidirektion wird auch eine (für das ganze Reich gedachte) Zigeunerzentrale unterhalten, die Material über die hinsichtlich der Feststellung der Persönlichkeit am schwierigsten zu behandelnden Zigeuner sammelt und allen Behörden auf Verlangen

Auskünfte erteilt. Über die nähere Einrichtung und die Hilfsmittel des Erkennungsdienstes verweise ich auf mein wiederholt angeführtes Werk „Einführung in die Kriminaltechnik".

Die Vorteile einer Zentralisierung der Verbrechensbekämpfung will sich auch das neue Reichskriminalpolizeigesetz zunutze machen; vgl. dieses im Anhang abgedruckt.

2. Zentralpolizeistelle zur Bekämpfung des internationalen Mädchenhandels beim Polizeipräsidium Berlin. (Seit August 1903 errichtet.) Nach dem Abkommen vom 18. Mai 1904 zwischen Deutschland und einer Reihe anderer Staaten verpflichtet sich jede Regierung, eine Behörde einzurichten, der es obliegt, alle Nachrichten über Anwerbung von Frauen und Mädchen zu Zwecken der Unzucht im Auslande an einer Stelle zu sammeln. Die Behörden dürfen untereinander direkt verkehren.

Die Bestimmung des deutschen Gesetzes, die zur Bekämpfung des Mädchenhandels heranzuziehen ist, enthält der § 48 des Auswanderungsgesetzes vom 9. Juni 1897; er lautet: „Wer eine Frauensperson zu dem Zwecke, sie der gewerbsmäßigen Unzucht zuzuführen, mittelst arglistiger Verschweigung dieses Zweckes zur Auswanderung verleitet, wird mit Zuchthaus bis zu 5 Jahren bestraft ... Neben der Zuchthausstrafe ... kann zugleich auf Zulässigkeit von Polizeiaufsicht erkannt werden.

Dieselben Strafvorschriften finden auf denjenigen Anwendung, welcher mit Kenntnis des vom Täter in solcher Weise verfolgten Zweckes die Auswanderung der Frauensperson vorsätzlich befördert ...[1])."

Das internationale Abkommen zur Bekämpfung des Mädchenhandels vom 4. Mai 1910 (RGBl. 1913, S. 31) enthält folgende zwei wichtige Bestimmungen:

Art. 1. Wer, um der Unzucht eines anderen Vorschub zu leisten, eine minderjährige Frau oder ein minderjähriges Mädchen, selbst mit deren Einwilligung, zu unsittlichem Zwecke anwirbt, verschleppt oder entführt, soll bestraft werden, auch wenn die einzelnen Tatsachen, welche die Merkmale der strafbaren Handlung bilden, auf verschiedene Länder entfallen.

Art. 2. Ferner soll bestraft werden, wer, um der Unzucht eines anderen Vorschub zu leisten, eine volljährige Frau oder ein volljähriges Mädchen durch Täuschung oder mittelst Gewalt, Drohung, Mißbrauchs des Ansehens oder durch irgendein anderes Zwangsmittel zu unsittlichem Zwecke anwirbt, verschleppt oder entführt usw. (wie im Art. 1).

3. **Die Zentralpolizeistelle zur Bekämpfung unzüchtiger Bilder, Schriften und Inserate in Berlin**[2]). Diese beim Polizeipräsidium

---

[1]) In den Strafgesetzentwurf 1919 (§ 334) ist der Mädchenhandel als selbständiges Verbrechen aufgenommen worden.

[2]) Die Telegrammadresse für diese Zentralpolizeistelle in Berlin ist „Polumbi".

Berlin bestehende Zentralstelle ist auf Grund des (im RGBl. 1911 S. 209 u. 215 veröffentlichten) Abkommens vom 4. Mai 1910 zur Bekämpfung der Verbreitung unzüchtiger Veröffentlichungen[1]), nachdem sich eine Reihe von Staaten zur Errichtung einer gleichen Nachrichten- und Bekämpfungsstelle verpflichtet haben, eingerichtet worden. Vgl. auch Min.-Erl. vom 21. November 1911 (MBl. 1912 S. 138).

Nach dem aufgestellten Organisationsplan umfaßt die Zuständigkeit dieser Zentralpolizeistelle die Wahrnehmung

a) der orts- und landespolizeilichen Befugnisse des Polizeipräsidenten in Berlin auf dem Gebiete des Schmutzes in Wort und Bild;

b) der über das Gebiet dieser Befugnisse hinausgehenden preußischen und reichspolizeilichen Aufgaben nach näherer Vorschrift dieses Planes.

Die Zentralstelle beobachtet:

a) die Herstellung, den Betrieb, das Feilbieten und Vorrätighalten unzüchtiger, dem Gesetz über die Presse[2]) unterliegender Erzeugnisse, einschließlich der kinematographischen Films im Gebiete des Deutschen Reiches;

b) den Handel mit unzüchtigen figürlichen Darstellungen im Gebiete des Deutschen Reichs;

---

[1]) Im Sinne der Strafvorschrift des § 184 und § 184a StGB.

[2]) Vom 7. 5. 74.

c) die Ein- und Ausfuhr solcher Gegenstände über die Zollgrenze.

Diese Beobachtung erfolgt durch regelmäßige Durchsicht und Lektüre verdächtiger Schriften, Ankauf geeigneter verdächtiger Zeitschriften und Witzblätter, Prüfung der im Anzeigenteil dieser Blätter erscheinenden Ankündigungen sowie der Kataloge und Prospekte solcher Verleger und Händler, die sich mit dem Vertrieb unzüchtiger Bilder und Schriften befassen, ferner durch Inanspruchnahme der am Kampfe gegen die öffentliche Unsittlichkeit beteiligten Behörden des Reiches.

Die Zentralstelle sammelt die hierbei gemachten Erfahrungen und führt entsprechende Verzeichnisse und Sammlungen unzüchtiger Erzeugnisse, wie auch der darauf bezüglichen gerichtlichen Urteile. Auch erteilt sie aus dem gewonnenen Material allen öffentlichen Behörden des Reiches Rat und Auskunft.

Die Zentralstelle ist befugt, an alle bei dieser Bekämpfung beteiligte Behörden des Reiches direkt Ersuchen und Anträge zu richten, namentlich auch zum Zwecke der Durchsuchung und Beschlagnahme. Die Polizeibehörden haben den von der Zentralstelle an sie ergehenden Ersuchen Folge zu leisten.

In diesem Zusammenhang sei noch erwähnt, daß auch eine staatsanwaltschaftliche Zentralstelle beim Landgericht I Berlin für das ganze Reich zur Überwachung des Handels mit unzüchtigen Erzeugnissen vom Auslande her durch Min.-Erl. vom 5. November 1912 und vom 2. Dezember 1910 (MBl. S. 344) eingerichtet worden ist.

4. Die Zentralstelle der kriminalpolizeilichen Falschgeldabteilung bei der Reichsbank in Berlin. Durch Ministerialerlasse vom 17. April 1876 und 5. November 1876 ist für Preußen diese Dienststelle zur Sammelstelle aller auf die Verhütung und Entdeckung von Münzverbrechen und -vergehen bezüglichen Nachrichten bestimmt worden. Seit Mitte 1919 ist diese Dienststelle vom Polizeipräsidium Berlin zur Reichsbank verlegt worden (Anschrift, auch für Telegramme: Reichsbank, Falschgeldabteilung, Berlin). Von dieser Abteilung werden sämtliche Angelegenheiten hinsichtlich der falschen Reichsbanknoten und der Darlehnskassenscheine bearbeitet. Außerdem wird bei der Reichsbank jedes einzelne Falschstück durch fachlich erfahrene, technische Sachverständige eingehend untersucht, und gleichzeitig wird begutachtet, ob das betreffende Falschstück eine neu aufgetauchte oder eine bereits bekannte Fälschung darstellt. Jede neu auftretende Fälschung wird mit einer Klassennummer bezeichnet, die auch jedes weitere, der gleichen Fälscherquelle entstammende Falschstück erhält. (Eine besondere Merkblattsammlung enthält alle auf die in Umlauf gesetzten Falschstücke nähere Angaben.) Gemäß Bundesratsbestimmung vom 30. November 1876 (JMBl. 1877 S. 54) ist dem Reichsbankdirektorium von eingeleiteten Verfahren unter Einsendung mindestens eines Falschstückes zu Vergleichungs-

zwecken bzw. zur Begutachtung, Kenntnis zu geben. Auch ist es erforderlich, daß das Reichsbankdirektorium sowohl von der Verurteilung einer Fälscherbande, als auch von dem ergebnislosen Verlauf eines Verfahrens möglichst umgehend Nachricht erhält, damit die zugehörigen Merkblätter rechtzeitig ergänzt werden können und verhütet wird, daß die Gerichtsbehörden auch nach Einstellung eines Verfahrens um Auskünfte ersucht werden.

Durch Vermittlung des Reichsbankdirektoriums können den auswärtigen Behörden auf Wunsch Kriminalbeamte zur Verfügung gestellt werden, die in Falschgeldsachen besonders eingearbeitet sind.

Bei Gerichtsverhandlungen gegen Falschmünzer erscheint es ganz besonders geboten, von dem Recht, die Öffentlichkeit auszuschließen, namentlich während der Schilderung und Auseinandersetzung des Herstellungsverfahrens, in weitestgehendem Maße Gebrauch zu machen.

(Aus den „Anhaltspunkten für die Bearbeitung der die Reichsbank betreffenden Falschgeldangelegenheiten bei Gerichts- und Polizeibehörden" vom 19. Nov. 1919.)

5. Zentralstelle zur Bekämpfung des Wuchers. Der volkswirtschaftliche Wucher kann auch nur am besten in möglichst zentralisiertem Polizeibetriebe bekämpft werden. Die beim Polizeipräsidium Berlin geschaffene Abteilung W (mit angegliederter Handelerlaubnisstelle) befaßt sich mit der Ermittlung

und Verfolgung von Preiswucher und Kettenhandel mit allen Gegenständen des täglichen Bedarfs (wie Lebens- und Futtermittel, Bekleidungsgegenstände, Webwaren, Heiz-, Leucht-, Betriebsstoffe, Arzneimittel, Chemikalien, Tabakwaren, technische Öle, Metalle, Baumaterialien u. a.), Verfolgung des Schleichhandels und der Verstöße gegen Rationierungsvorschriften, gegen Ein- und Ausfuhrbestimmungen und sonstige wirtschaftliche Bestimmungen.

6. Die Staatspolizei-Zentralstelle („C. St.") beim Polizeipräsidium Berlin befaßt sich hauptsächlich mit der Spionageabwehr.

7. Zur energischen Bekämpfung des Diebstahls haben auch andere Zentralbehörden entsprechende Abwehr- und Erfassungsabteilungen eingerichtet, so das Reichsverkehrsministerium zur Bekämpfung der Diebstähle an Eisenbahnfrachtgütern, die Reichswasserschutzpolizei zur Bekämpfung des Diebstahls und der Verschiebung von Reichsgut, das Reichsfinanzministerium, die Steuer- und Zollbehörden zum gleichen Zweck.

C. Die Bestimmungen anderer Gesetze über die strafrechtlichen Aufgaben der Polizei.

Vorbemerkung.

Soweit nicht schon in den vorausgehenden Abschnitten einschlägige Bestimmungen aus reichs- und landesgesetzlichen Strafvorschriften erörtert worden sind, soll dies hier summarisch geschehen, um den Polizeibeamten auf die wichtigsten Gesetze aufmerksam zu machen, die er in seiner strafrechtlichen Praxis öfters anzuwenden Gelegenheit hat. Dabei mußten manche Gesetze noch ausscheiden, trotz ihrer Wichtigkeit, so die Reichsversicherungs- und Steuergesetze usw. Der Gesetzestext steht ihm in besonderen Sammlungen zur Verfügung, die bereits in der Einleitung erwähnt worden sind; er soll daher, außer einigen wichtigen Bestimmungen, hier nicht wiederholt werden. Für die Anwendung oder Ausführung dieser gesetzlichen Vorschriften müssen ihm die oben dargestellten Grundbestimmungen des Strafgesetzes und der Strafprozeßordnung maßgebend bleiben, soweit seine Rechte und Pflichten in Betracht kommen. Selbstverständlich kann er diese nur erfüllen, wenn ihm selbst bekannt ist, was außer den im Reichsstrafgesetz aufgeführten strafbaren Handlungen noch strafbar ist. Ihm diese Kenntnisse aber beizubringen, ist Aufgabe des

Polizeiunterrichts. Im übrigen soll die nachfolgende kurze Behandlung der strafrechtlichen Nebengesetze in Verbindung mit dem ausführlichen alphabetischen Sachregister einen zuverlässigen Quellennachweis darstellen, aber keine Gesetzessammlung.

I. Reichsgesetze.

a) Gesetze zivil-, handels- und gewerberechtlichen Inhalts.

1. Das Bürgerliche Gesetzbuch, vom 18. August 1896, in Kraft seit 1. Januar 1900, enthält im 6. Abschnitt einige auch für den Polizeibeamten wichtige Bestimmungen über: Ausübung der Rechte, Selbstverteidigung und Selbsthilfe. Insbesondere im § 226 das Schikaneverbot, d. h. die Unzulässigkeit der Ausübung eines Rechtes, wenn diese nur den Zweck haben kann, einem anderen Schaden zuzufügen. § 227 Notwehr; § 228 Notstand; § 229 Notangriff (Wegnahme, Zerstörung oder Beschädigung einer Sache zum Zwecke der Selbsthilfe, z. B. Wegnahme der Uhr des Zechprellers durch den Gastwirt zur Sicherung seiner Forderung). Wichtig sind auch die Bestimmungen der §§ 823 ff. über die „unerlaubten Handlungen" und die daraus entstehende Schadensersatzpflicht. Verletzt ein Beamter vorsätzlich oder fahrlässig die ihm einem Dritten gegenüber obliegende Amtspflicht, so hat er dem Dritten den daraus entstehenden Schaden zu ersetzen; bei Fahrlässigkeit jedoch nur dann, wenn der Verletzte nicht auf andere Weise Ersatz zu erlangen

vermag (§ 839 BGB.). Die landesrechtlichen Bestimmungen über die Haftung des Staates und anderer Verbände für Amtspflichtverletzungen von Beamten und Angestellten bleiben gemäß Artikel 77 des Einführungsgesetzes zum Bürgerlichen Gesetzbuch unberührt.

Schließlich sind die Bestimmungen der §§ 935, 1006, 1007, 794 über Besitz- und Eigentumserwerb bei gestohlenen, verlorengegangenen oder sonst abhanden gekommenen Gegenständen von Wichtigkeit. Ist die Sache dem früheren Besitzer gestohlen worden, verloren gegangen oder sonst abhanden gekommen, so kann er die Herausgabe auch von einem gutgläubigen Besitzer (z. B. von einem Pfandleiher) verlangen (§ 1007). Die zivilrechtliche Behandlung von Fundsachen regeln die §§ 965—984 BGB.

2. Das Handelsgesetzbuch. Vom 10. Mai 1897 bzw. vom 1. Januar 1900.

Die im Handelsgesetzbuch enthaltenen Strafvorschriften beziehen sich auf das Wettbewerbsverbot (sog. Konkurrenzklausel) §§ 74ff. (mit Novelle, seit 1. Januar 1915 in Kraft); ferner auf Verletzungen der Vorschriften über Führung und Aufbewahrung des Tagebuchs seitens der Handelsmäkler (§ 103) und schließlich auf bestimmte, im Aktienrecht verbotene Handlungen.

3. Gesetz, betr. die Abzahlungsgeschäfte. Vom 16. Mai 1894.

Das Gesetz bezweckt die Verhinderung der Ausbeutung wirtschaftlich schwacher Menschen bei Anschaffungen auf Teilzahlungen; im Falle des Rücktritts vom Vertrag ist jeder Teil verpflichtet, dem anderen Teil die empfangenen Leistungen zurückzugeben.

4. Die Konkursordnung. Vom 10. Februar 1877 bzw. vom 17. Mai 1898.

Die Bestimmungen der KO. §§ 239—244 (Bankerott) sind an Stelle der §§ 281—283 StGB. getreten und werden in jedem Strafgesetzbuch mit aufgeführt.

5. Das Bankgesetz. Vom 14. März 1875.

Enthält Bestimmungen über die Befugnis zur Ausgabe von Banknoten und über die der Reichsbank weiter zustehenden Befugnisse und die sich daraus ergebenden Strafandrohungen.

6. Das Depotgesetz. Vom 5. Juli 1896.

Enthält Bestimmungen über die Pflichten der Kaufleute bei Aufbewahrung fremder Wertpapiere.

7. Das Börsengesetz. Vom 22. Juni 1896.

Enthält Strafbestimmungen gegen den betrügerischen Börsen- und Marktverkehr von Waren und Wertpapieren. Besonders wichtig ist folgende Bestimmung des § 78: Wer gewohnheitsmäßig in gewinnsüchtiger Absicht andere unter Ausbeutung ihrer Unerfahrenheit oder ihres Leichtsinns zu Börsenspekulationsgeschäften verleitet, welche nicht zu ihrem Gewerbebetriebe gehören, wird mit Gefängnis . . . bestraft.

8. Das Agiogesetz. Vom 1. März 1919.

Verbietet den Kauf und Verkauf von Darlehnskassenscheinen (über 20 Mark) und deutschen Banknoten zu einem ihren Nennwert übersteigenden Preis.

9. Gesetz, betr. den Schutz des zur Anfertigung von Reichsbanknoten verwendeten Papiers gegen unbefugte Nachahmungen. Vom 2. Januar 1911.

Verboten ist die Anfertigung, das Einführen (vom Ausland), das Verkaufen, Feilhalten oder Inverkehrbringen von Papier, das dem zur Herstellung von Reichsbanknoten verwendeten, durch äußere Merkmale erkennbar gemachten Papier hinsichtlich dieser Merkmale gleicht oder ähnlich sieht.

10. Das Gesetz gegen den unlauteren Wettbewerb. Vom 7. Juni 1909.

Enthält zivilrechtliche Bestimmungen über Schadensersatzpflicht, wie auch Strafandrohungen gegen den sogenannten Reklameschwindel, Quantitätsverschleierung, Warennachschieben (bei Ausverkäufen), Bestechung von Angestellten oder Beauftragten (Zahlung von „Schmiergeldern"), üble Nachreden über das Erwerbsgeschäft, gewerbliche Leistungen, Waren oder über die Person des Inhabers, ferner gegen den Mißbrauch von Namen und Firmen und besonderen Bezeichnungen eines Erwerbsgeschäfts oder einer Druckschrift; schließlich gegen den Verrat von Betriebsgeheimnissen und die unbefugte Verwertung solcher.

b) Gesetze öffentlich-rechtlichen Inhalts, auch staatliche Einrichtungen und deren Schutz betr., sowie den Schutz der Volkswirtschaft betr.

1. Das Personenstandsgesetz. Vom 6. Februar 1875.

Enthält die Bestimmungen über die Beurkundung der Geburten, Heiraten und Sterbefälle, die gesetzliche Anzeigepflicht, sowie die Strafdrohungen bei deren Verletzung und bei unvorschriftsmäßig durch Geistliche und Standesbeamte vorgenommene Eheschließungen.

2. Das Paßgesetz. Vom 12. Oktober 1867 mit den ergänzenden Verordnungen vom 21. Juni 1916 und 10. Juni 1919 und der Ausführungsanweisung vom 24. Juni 1916 (RGBl. S. 601), sowie den Strafbestimmungen vom 21. Mai 1919 (RGBl. S. 470). Das Paßgesetz begründet für Reichsangehörige wie Ausländer die Pflicht, sich auf amtliches Erfordern über ihre Person genügend auszuweisen.

3. Die Eisenbahn-Bau- und -Betriebsordnung vom 4. November 1904.

Enthält Bestimmungen über die Bahnpolizei sowie Bestimmungen für das Publikum und die Reisenden, auch Strafandrohungen bei Zuwiderhandlungen.

4. Das Reichspostgesetz. Vom 28. Oktober 1871.

Enthält in den §§ 27ff. Strafbestimmungen bei Post- und Portodefraudationen, die durch die Oberpostdirektionen zu verfolgen sind.

5. Gesetz gegen den Verrat militärischer Geheimnisse. Vom 3. Juli 1893.

Mit Zuchthaus nicht unter zwei Jahren wird bestraft, wer vorsätzlich Schriften, Zeichnungen oder andere Gegenstände, deren Geheimhaltung im Interesse der Landesverteidigung erforderlich ist, in den Besitz oder zur Kenntnis eines anderen gelangen läßt, wenn er weiß, daß dadurch die Sicherheit des Deutschen Reiches gefährdet wird. Bezüglich solcher Verbrechen besteht, wie für die gemeingefährlichen Verbrechen der §§ 306ff. StGB., eine gesetzliche Anzeigepflicht (§ 9). Für die Untersuchung und Entscheidung solcher Verbrechen ist in erster und letzter Instanz das Reichsgericht zuständig (§ 12).

6. Das Sprengstoffgesetz. Vom 9. Juni 1884.

Enthält Bestimmungen über die Herstellung, den Vertrieb und den Besitz von Sprengstoffen sowie die Einführung derselben aus dem Auslande; sie unterliegen der polizeilichen Genehmigung.

Die Herstellung, Anschaffung, Bestellung, Anwendung und sogar schon der Besitz von Sprengstoffen zum Zwecke der Gefährdung des Eigentums, der Gesundheit oder des Lebens eines anderen, ist als Verbrechen mit Zuchthausstrafen bedroht. Besonders schwer bestraft wird das Sprengstoffkomplott § 6: Haben mehrere die Ausführung einer oder mehrerer nach § 5 zu ahndender strafbarer Handlungen (d. h. vorsätzliche Anwendung von Sprengstoffen zur Schädigung von Eigentum, Gesundheit, Leben) verabredet oder sich zur fortgesetzten Begehung derartiger, wenn auch im einzelnen noch nicht bestimmter Handlungen verbunden, so werden dieselben, auch ohne daß der Entschluß der Verübung des Verbrechens durch Handlungen, welche einen Anfang der Ausführung enthalten[1]), betätigt worden ist, mit Zuchthaus nicht unter 5 Jahren bestraft (§ 6). Ebenso wird die öffentliche Aufforderung vor einer Menschenmenge oder durch Verbreitung oder öffentlichen Anschlag oder öffentliche Ausstellung von Schriften oder anderen Darstellungen zu Sprengstoffattentaten mit Zuchthausstrafe bedroht (§ 10). Bei diesen Verbrechen (§§ 5—10) ist auch Polizeiaufsicht zulässig.

Wer von dem Vorhaben eines der in §§ 5, 6, 7 bedrohten Verbrechen in glaubhafter Weise Kenntnis erhält und es unterläßt, der durch das Verbrechen bedrohten Person oder der Behörde rechtzeitig Anzeige zu machen, wird nach § 139 StGB. (wegen Verletzung der gesetzlichen Anzeigepflicht) bestraft.

Vom Bundesrat sind noch besondere Bestimmungen über den Verkehr mit Sprengstoffen erlassen worden.

7. Das Gesetz zum Schutze des Genfer Neutralitätszeichens. Vom 22. März 1902.

---

[1]) D. h. ohne „Versuch" im Sinne des § 43 StGB. zu sein, so daß hier ausnahmsweise schon die vorbereitenden Handlungen mit Strafe bedroht werden.

Das in der Genfer Konvention zum Neutralitätszeichen erklärte „Rote Kreuz" auf weißem Grunde, sowie die Worte „Rotes Kreuz" dürfen, unbeschadet der Anwendung für Zwecke des militärischen Sanitätsdienstes, zu geschäftlichen Zwecken sowie zur Bezeichnung von Vereinen und Gesellschaften oder zur Kennzeichnung ihrer Tätigkeit nur auf Grund einer Erlaubnis der Landeszentralbehörden gebraucht werden.

8. **Die Verordnung gegen den Schleichhandel.** Vom 7. März 1918.

Wer Gegenstände, für die *Höchstpreise* festgesetzt sind, oder die sonst einer Verkehrsregelung unterliegen, unter vorsätzlicher Verletzung der ergangenen Vorschriften oder unter Verleitung eines anderen zur Verletzung dieser Vorschriften zur Weiterveräußerung erwirbt, oder wer sich zu solchem Erwerbe erbietet, wird wegen Schleichhandels bestraft, beim Rückfall mit Zuchthausstrafe.

9. **Die Verordnung gegen Preistreiberei.** Vom 8. Mai 1918.

Hier ist die übermäßige Preistreiberei beim Verkauf von *Gegenständen des täglichen Bedarfs* sowie der *Kettenhandel* mit Strafe bedroht.

Zur Aburteilung der strafbaren Handlungen wegen *Schleichhandels* und Preistreiberei sind für den Bezirk eines jeden Landgerichts *Wuchergerichte* eingesetzt worden.

10. Das Gesetz gegen die Steuerflucht. Vom 26. Juli 1918.

Wer als Steuerpflichtiger seinen dauernden Aufenthalt im Inlande aufgibt, ohne die vorgeschriebene Anzeige unter Beifügung einer Vermögenserklärung der Steuerbehörde zu erstatten oder die vorgeschriebene Sicherheitsleistung zu erfüllen, macht sich strafbar (Gefängnis nicht unter 3 Monaten).

11. Das Gesetz gegen die Kapitalflucht. Vom 8. September 1919.

Zahlungsmittel dürfen nur durch Vermittlung von Banken nach dem Auslande versandt oder überbracht werden. Verboten ist ferner (nach einer Verordnung vom 21. September 1918) die Errichtung eines Kontos auf einer Bank auf einen falschen oder erdichteten Namen für sich oder einen Dritten, ebenso die Hinterlegung von Wertsachen oder die Miete eines Bankschließfaches auf falschen Namen.

12. Die Verordnung gegen den Wucher mit Mietsräumen. Vom 31. Juli 1919.

Verboten sind öffentliche Bekanntmachungen oder sonstige Mitteilungen, die für einen größeren Personenkreis bestimmt sind, in denen Belohnungen für den Nachweis von Mieträumen oder den Abschluß von Mietverträgen ausgesetzt werden, Mieträume unter einer Deckadresse oder Mieträume unter der Bedingung des gleichzeitigen Erwerbs von Einrichtungsgegenständen angeboten werden.

c) Gesetze zur Bekämpfung von ansteckenden Krankheiten und Seuchen bei Menschen und Tieren und zum Nahrungsmittelschutze.

1. Das Gesetz, betr. die Bekämpfung gemeingefährlicher Krankheiten. Vom 30. Juni 1900.

Jede Erkrankung und jeder Todesfall an Aussatz (Lepra), Cholera (asiatischer), Fleckfieber (Flecktyphus), Gelbfieber, Pest (orientalischer Beulenpest), Pocken (Blattern) sowie jeder Fall, welcher den Verdacht einer dieser Krankheiten erweckt, ist der für den Aufenthaltsort des Erkrankten oder den Sterbeort zuständigen Polizeibehörde unverzüglich anzuzeigen. Wechselt der Erkrankte den Aufenthaltsort, so ist dies unverzüglich bei der Polizeibehörde des bisherigen und des neuen Aufenthaltsortes zur Anzeige zu bringen. Das Gesetz enthält weiter Vorschriften über die zu beachtenden Schutzmaßregeln, Desinfektion und Aufsicht. Zur Verhütung der Einschleppung der gemeingefährlichen Krankheiten aus dem Auslande sind noch weitere Vorschriften erlassen worden.

Das preußische Ausführungsgesetz vom 28. August 1915[1]) schreibt die Anzeigepflicht noch für weitere Krankheiten, die ansteckend sind, vor und zwar für Diphtheritis, Genickstarre, Kindbettfieber, Rückfallkrankheit, Ruhr, Scharlach, Typhus, Milzbrand, Rotz,

[1]) Ähnliche Ausführungsbestimmungen haben Bayern, Sachsen, Württemberg und Baden erlassen (siehe Weiß, Polizeischule, S. 1284).

Tollwut, Bißverletzungen durch tolle Tiere, Fleisch-, Fisch- und Wurstvergiftung, Trichinose. Die Anzeigen sind dem Kreisarzt einzusenden.

Bei ansteckenden Geschlechtskrankheiten (Syphilis, Tripper und Schanker) kann eine zwangsweise ärztliche Behandlung der erkrankten Frauenspersonen angeordnet werden, wenn diese Gewerbsunzucht treiben.

Nach der Verordnung vom 11. Dezember 1918 ist die Ausübung des Beischlafes strafbar, wenn der Betreffende weiß oder den Umständen nach annehmen muß, daß er an einer mit Ansteckungsgefahr verbundenen Geschlechtskrankheit leidet. Bei Ehegatten und Verlobten nur Antragsdelikt. Verjährung in 6 Monaten.

2. Das Impfgesetz. Vom 8. April 1874.

Enthält sowohl Strafbestimmungen für den Fall der Verletzung der Impfpflicht seitens der Eltern, Pflegeeltern, Vormünder, Schulvorsteher und Ärzte, als auch für den Fall unbefugter Vornahme oder fahrlässiger Ausführung von Impfungen mit Schutzpocken.

3. Das Viehseuchengesetz. Vom 26. Juni 1909.

Die Polizeibehörde hat, sobald eine Anzeige wegen einer der nachbenannten Krankheiten erfolgt ist, den beamteten Tierarzt sofort zuzuziehen und unverzüglich dafür zu sorgen, daß die kranken oder verdächtigen Tiere mit Tieren aus anderen Ställen nicht in Berührung kommen.

Die vom Tierbesitzer, seinem Stellvertreter oder anderen Tierhaltern, auch Tierärzten und Fleischbeschauern anzuzeigenden Seuchen sind: Milzbrand, Tollwut, Rotzkrankheit, Maul- und Klauenseuche, Lungenseuche des Rindviehs, Pockenseuche der Schafe, Beschälseuche der Pferde und Bläschenausschlag der Pferde und des Rindviehs, Räude der Pferde, Esel, Maultiere, Schafe, Schweineseuche und Schweinepest, Rotlauf der Schweine, Geflügelcholera und Hühnerpest, Tuberkulose des Rindviehs.

3a. Das Gesetz, betr. Maßregeln gegen die Rinderpest. Vom 7. April 1869.

Jeder, der zuverlässige Kunde davon erlangt, daß ein Stück Vieh an Rinderpest krank oder gefallen ist, oder daß auch nur der Verdacht einer solchen Krankheit vorliegt, hat unverzüglich der Ortspolizeibehörde Anzeige davon zu erstatten (§ 4). Die Strafbestimmungen sind in einem besonderen Gesetz vom 21. Mai 1878 enthalten. Das Rinderpestgesetz enthält auch Bestimmungen über die polizeilichen Maßregeln zur Verhütung der Einschleppung und Weiterverbreitung sowie zur Unterdrückung der Seuche.

4. Das Reblausgesetz. Vom 6. Juli 1904.

Enthält Vorschriften zur Bekämpfung der dem Weinbau schädlichen Reblaus nebst Strafbestimmungen.

5. Gesetz, betr. die Beseitigung von Tierkadavern. Vom 17. Juni 1911. (Auch Abdeckereigesetz bezeichnet.)

Enthält Vorschriften über die unschädliche Beseitigung (Vergraben oder Verbrennen) von Tierleichen und Tierleichenteilen. (Landesgesetzliche Ausführungsbestimmungen sind in Weiß, Polizeischule, Seite 1296, wiedergegeben.)

6. Das Gesetz, betr. Schlachtvieh- und Fleischbeschau. Vom 3. Juni 1900.

Enthält Vorschriften über die Prüfung der Genußtauglichkeit des zur menschlichen Nahrung bestimmten Fleisches von Rindvieh, Schweinen, Schafen, Ziegen, Pferden und Hunden.

7. Gesetz, betr. den Verkehr mit Nahrungsmitteln, Genußmitteln und Gebrauchsgegenständen. Vom 14. Mai 1879.

Die wichtigsten Bestimmungen enthalten die §§ 10—14 über die Strafen bei Nahrungs- und Genußmittelverfälschung, sowie beim Verkaufen, Feilhalten oder Inverkehrbringen gesundheitsschädlicher Gebrauchsgegenstände.

Die Beamten der Polizei sind befugt, in die Verkaufsräumlichkeiten während der üblichen Geschäftsstunden einzutreten und Proben zum Zwecke der Untersuchung zu entnehmen; der Verkauf von Nahrungs- und Genußmitteln, von Spielwaren, Tapeten, Farben, Eß-, Trink- und Kochgeschirr, sowie von Petroleum unterliegt auch ihrer Kontrolle an öffentlichen Orten, auf Märkten, Plätzen, Straßen oder beim Verkauf (Feilhalten) im Umherziehen. Die Probeentnahme erfolgt gegen Empfangsbescheinigung.

Dem Besitzer ist auf Verlangen ein Teil der Probe amtlich verschlossen oder versiegelt zurückzulassen. Für die entnommene Probe ist Entschädigung in Höhe des üblichen Kaufpreises zu leisten.

Bei Personen, welche wegen Vergehens gegen dieses Gesetz zu einer Freiheitsstrafe verurteilt sind, können die Beamten der Polizei während der üblichen Geschäftsstunden in den Verkaufs- oder Aufbewahrungsräumlichkeiten Revisionen vornehmen, und zwar beginnt diese Befugnis mit der Rechtskraft des Urteils und erlischt mit dem Ablauf von drei Jahren von dem Tage an gerechnet, an welchem die Freiheitsstrafe verbüßt, verjährt oder erlassen ist (§ 3).

In dem Urteil oder Strafbefehl kann angeordnet werden, daß die Verurteilung auf Kosten des Schuldigen öffentlich bekannt zu machen sei (§ 16).

Anmerkung: Die Beaufsichtigung des Handels mit Milch ist durch landespolizeiliche Ministerialerlasse geregelt. (Siehe diese in Weiß, Polizeischule, Seite 1258.)

8. Das Gesetz, betr. den Verkehr mit Butter, Käse, Schmalz und deren Ersatzmittel. Vom 15. Juni 1897.

Enthält Bestimmungen über das Feilhalten und Verkaufen von „Margarine", „Margarinekäse" und Kunstspeisefett, um den betrügerischen Handel mit solchen Nahrungsmitteln zu bekämpfen. (Auch „Margarinegesetz" bezeichnet.)

9. Das Weingesetz. Vom 7. April 1909.

Ergänzt das Nahrungs- und Genußmittelgesetz vom 14. Mai 1879 (siehe oben unter Nr. 7) hinsichtlich des durch alkoholische Gärung aus dem Safte der frischen Weintraube hergestellten Getränke und verbietet das Nachmachen von Wein, gestattet aber das Herstellen von Verschnittweinen.

10. Das Süßstoffgesetz. Vom 7. Juli 1902.

Enthält Bestimmungen über die Herstellung, Verarbeitung, Einfuhr, das Feilhalten und Verkaufen von Süßstoff, d. h. von allen auf künstlichem Wege gewonnenen Stoffen, welche als Süßmittel dienen können und eine höhere Süßkraft als Zucker, aber nicht entsprechenden Nährwert besitzen.

11. Gesetz, betr. die Verwendung gesundheitsschädlicher Farben bei der Herstellung von Nahrungsmitteln, Genußmitteln und Gebrauchsgegenständen. Vom 5. Juli 1887.

Als gesundheitsschädlich gelten Farben, welche Antimon, Arsen, Baryum, Blei, Kadmium, Chrom, Kupfer, Quecksilber, Uran, Zink, Zinn, Gummigutti, Korallin und Pikrinsäure enthalten.

12. Gesetz, betr. den Verkehr mit blei- und zinkhaltigen Gegenständen. Vom 25. Juni 1887.

Enthält Vorschriften über die Herstellung von Eß-, Trink- und Kochgeschirr, sowie Flüssigkeitsmaßen, Druckvorrichtungen zum Bierausschank, Siphons, Metallteilen von Kindersaugflaschen, Trinkbechern, Spielwaren, Konservenbüchsen usw. zum Schutze der menschlichen Gesundheit.

13. Die Petroleumverordnung. Vom 24. Februar 1882.

Enthält wegen der Feuergefährlichkeit des Petroleums gewisse Sicherheitsvorschriften.

14. Die Verordnung, betr. den Verkehr mit Arzneimitteln. Vom 22. Oktober 1901.

Bestimmt, daß gewisse, als Heilmittel zu verwendende Waren nur in Apotheken feilgehalten und verkauft werden dürfen. Arznei- und Geheimmittel dürfen im Gewerbebetrieb im Umherziehen nicht verkauft werden (§ 56 Ziff. 9 GewOrd.).

d) Gesetze gewerbepolizeilichen Inhalts.

1. Die Gewerbeordnung. Vom 21. Juni 1869 bzw. vom 26. Juli 1900.

Hier sei nur auf die Schutzbestimmungen gegen Gefahren für Leben, Gesundheit und Sittlichkeit hingewiesen, die in den §§ 120a bis 120e der GewOrd. enthalten sind, sowie auf die Bestimmungen über die Sonntagsruhe (§§ 105a ff. und § 146a). Bei den Strafbestimmungen der Gewerbeordnung (§§ 143 ff.) sei schließlich noch hingewiesen auf die §§ 152, 153 (Schutz der Koalitionsfreiheit, Streik und Mißbrauch dieser Freiheit).

2. Das Kinderschutzgesetz. Vom 30. März 1903.

Das Gesetz verbietet grundsätzlich die Beschäftigung von Knaben und Mädchen unter 13 Jahren, sowie von solchen über 13 Jahre, welche noch zum Besuche der Volksschule verpflichtet sind, in allen gewerblichen Betrieben, und zählt die verbotenen Beschäftigungsarten auf, in denen fremde Kinder nicht beschäftigt werden dürfen.

3. Das Hausarbeitsgesetz. Vom 20. Dezember 1911.

Es stellt eine Ergänzung der Gewerbeordnung dar und gibt der Polizeibehörde die Befugnis, Schutzmaßregeln gegen Gefahren für Leben, Gesundheit und Sittlichkeit zu ergreifen.

Über die weiteren Arbeiterschutzvorschriften vgl. Weiß, Polizeischule, Seite 1203ff. Ebenso über die Vorschriften für Rechts- und Auskunftsbureaus, für Versteigerer, für Pfandleiher und Stellenvermittler (Gesetz vom 2. Juni 1910).

4. Die Maß- und Gewichtsordnung. Vom 30. Mai 1908.

Enthält Bestimmungen über die Prüfung und Stempelung der Meßgeräte durch die Eichämter. Zum Messen und Wägen dürfen im öffentlichen Verkehr nur geeichte Maße, Gewichte und Wagen angewendet und bereitgehalten werden. Die Eichordnung vom 8. November 1911 enthält ergänzende Bestimmungen; desgleichen die Bekanntmachung des Reichskanzlers vom 10. November 1911.

5. **Das Gesetz, betr. die Bezeichnung des Raumgehaltes der Schankgefäße. Vom 20. Juli 1881 bzw. vom 24. Juli 1909.**

Gast- und Schankwirte haben gehörig gestempelte Flüssigkeitsmaße von einem zur Prüfung ihrer Schankgefäße geeigneten Einzel- oder Gesamtinhalt bereitzuhalten. Die zur Verabreichung von Getränken (Wein, Obstwein, Most, Bier) dienenden Schankgefäße müssen mit einem „Füllstrich" und der Bezeichnung des Sollinhalts nach Litermaß versehen sein.

6. **Gesetz über den Feingehalt der Gold- und Silberwaren. Vom 16. Juli 1884.**

Gold- und Silberwaren dürfen zu jedem Feingehalt angefertigt und feilgehalten werden; sie müssen mit der Angabe des Feingehaltes versehen sein. Das Stempelzeichen für Gold- und Silbergeräte muß enthalten: die Reichskrone, das Sonnenzeichen (Kreis mit Punkt in der Mitte) für Gold, das Mondsichelzeichen für Silber, die Angabe des Feingehalts in Tausendteilen, nur in 585 oder mehr Tausendteilen auf goldenen Geräten, nur in 800 oder mehr Tausendteilen auf silbernen Geräten, schließlich die Firma oder die eingetragene Schutzmarke des Geschäfts, für welches die Stempelung bewirkt ist. Schmucksachen (außer goldenen und silbernen Uhrgehäusen) von Gold oder Silber dürfen in jedem Feingehalt gestempelt werden, wobei dieser in Tausendteilen anzugeben ist. Auf Gold- und Silberwaren, welche mit anderen metallischen Stoffen ausgefüllt oder mit Verstärkungsvorrichtungen metallisch verbunden sind, darf der Feingehalt nicht angegeben werden.

7. Gesetz, betr. die Prüfung der Läufe und Verschlüsse der Handfeuerwaffen. Vom 19. Mai 1891.

Handfeuerwaffen jeder Art dürfen nur dann feilgehalten oder in den Verkehr gebracht werden, wenn ihre Läufe und Verschlüsse in amtlichen Prüfungsanstalten geprüft und mit Prüfungszeichen versehen sind. Bei Zuwiderhandlungen ist neben der verwirkten Strafe auch auf die Einziehung der unvorschriftsmäßigen Handfeuerwaffen zu erkennen.

8. Das Gesetz, betr. den Spielkartenstempel. Vom 3. Juli 1878.

Spielkarten unterliegen einer Stempelabgabe; sie dürfen nur in den von der zuständigen Steuerbehörde genehmigten Räumen hergestellt werden. Spielkarten, die mit dem erforderlichen Stempel nicht versehen sind, unterliegen der Einziehung, gleichviel, wem sie gehören. Wer ungestempelte Spielkarten feilhält, veräußert, verteilt, erwirbt, damit spielt oder diese wissentlich in Gewahrsam hält, macht sich strafbar; Wirte und Gasthalter desgleichen, wenn in ihren Räumen mit ihrem Wissen mit ungestempelten Karten gespielt wird. Neben der Geldstrafe ist auch Einziehung der Spielkarten, sowie der zur Herstellung bestimmten Geräte und Materialien vorgeschrieben.

9. Das Auswanderungsgesetz. Vom 9. Juni 1897.

Neben den gewerberechtlichen Bestimmungen enthält der § 48 die bereits (oben an anderer Stelle) erwähnte Strafandrohung zur Bekämpfung des Mädchenhandels.

e) Gesetze zum Schutze des Urheberrechts.

1. Das Gesetz, betr. das Urheberrecht an Werken der Literatur und der Tonkunst. Vom 19. Juni 1901.

2. Das Gesetz, betr. das Urheberrecht an Werken der bildenden Künste und der Photographie. Vom 9. Januar 1907.

3. Das Patentgesetz. Vom 7. April 1891.

4. Das Gesetz, betr. den Schutz von Gebrauchsmustern. Vom 1. Juni 1891.

5. Das Musterschutzgesetz (Gesetz, betr. das Urheberrecht an Mustern und Modellen). Vom 11. Januar 1876.

6. Das Gesetz zum Schutze der Warenbezeichnungen. Vom 12. Mai 1894.

Diese Urheberrechtsgesetze bezwecken den Schutz des geistigen, nämlich einerseits des literarischen, anderseits des künstlerischen, sowie des gewerblichen Eigentums. Die Strafbestimmungen sind zu umfangreich, um in kurzen Stichworten wiedergegeben werden zu können. Doch sind diese Gesetze für die kriminalpolizeiliche Praxis wichtig genug, um im Polizeiunterricht eingehend an Hand der Gesetzestexte behandelt zu werden.

f) Andere Reichsgesetze strafrechtlichen Inhalts.

1. Gesetz über die Presse. Vom 7. Mai 1874.

Wichtig sind die Bestimmungen über die Beschlagnahme von Druckschriften (§§ 23ff.), die insbesondere dann — ohne richterliche Anordnung — stattfindet, wenn der Inhalt der Druckschrift den Tatbestand einer der in den §§ 85, 95, 111, 130 oder 184 StGB. mit Strafe bedrohten Handlungen begründet. Die Entscheidung über Bestätigung oder Aufhebung der vorläufigen Beschlagnahme muß von der Staatsanwaltschaft binnen 24 Stunden nach der Beschlagnahmeanordnung beantragt und von dem Gericht binnen 24 Stunden nach Empfang des Antrages erlassen werden.

Hat die Polizeibehörde die Beschlagnahme ohne Anordnung der Staatsanwaltschaft verfügt, so muß sie die Absendung der Verhandlungen an die letztere ohne Verzug und spätestens binnen 12 Stunden bewirken, die dann ihrerseits die gerichtliche Bestätigung binnen 12 Stunden beantragen muß, wenn sie nicht die Wiederaufhebung der Beschlagnahme anordnet.

Wenn nicht bis zum Ablaufe des fünften Tages nach Beschlagnahmeanordnung die gerichtliche Bestätigung der Beschlagnahmebehörde zugegangen ist, erlischt sie, und es muß die Freigabe der einzelnen Stücke erfolgen.

Wichtig ist noch die Bestimmung des § 17, wonach die Anklageschrift oder andere amtliche Schriftstücke eines Strafprozesses durch die Presse nicht eher veröffentlicht werden dürfen, als bis dieselben in öffentlicher Verhandlung kundgegeben worden sind oder das Verfahren sein Ende erreicht hat.

Von Wichtigkeit ist auch das im § 11 festgesetzte Berichtigungsverfahren.

Verfügung des preußischen Ministeriums des Innern vom 22. August 1922, betr. Veröffentlichungen durch die Presse bei strafbaren Handlungen.

Bei der Verfolgung strafbarer Handlungen, insbesondere solcher Verbrechen, die geeignet sind, ein besonderes Aufsehen in der Öffentlichkeit zu erregen, ist die Tagespresse mit Nachrichten nur insoweit zu versehen, als diese geeignet sind, die notwendige Mitwirkung des Publikums bei den Nachforschungen anzuregen und dadurch die amtliche Tätigkeit der Polizei zu unterstützen. Von der Wiedergabe aller Einzelheiten, die für diesen Zweck entbehrlich sind, ist abzusehen; insbesondere ist darauf Rücksicht zu nehmen, daß erfahrungsgemäß die ausführliche Beschreibung von Verbrechen in Zeitungen stets die Gefahr einer Verleitung anderer Personen zur Verübung ähnlicher Straftaten in sich schließt.

Alle Mitteilungen an die Presse sind in eine Form zu kleiden, die keinen Zweifel darüber aufkommen läßt, daß die Nachrichten ausschließlich amtlichen Zwecken dienen und nicht etwa eine Reklame für die Polizei oder einzelne ihrer Beamten darstellen sollen.

2. Gesetz, betr. den Schutz von Vögeln. Vom 30. Mai 1908.

Verbietet das Zerstören und Ausheben von Nestern oder Brutstätten der Vögel, von Eiern, von Jungen und das Feilhalten oder Verkaufen derselben; auch gewisse Arten von Fangen und Erlegen von Vögeln sind nach diesem Gesetz unter Strafe gestellt.

Wer es unterläßt, Kinder oder andere unter seiner Gewalt stehende Personen, welche seiner Aufsicht unterstellt sind und zu seiner Hausgenossenschaft gehören, von den im Vogelschutzgesetz erwähnten Zuwiderhandlungen abzuhalten, macht sich nach § 6 strafbar.

Die verbotswidrig erlangten, feilgebotenen oder verkauften Vögel, Nester, Eier, sowie die dazu gebrauchten Fangwerkzeuge unterliegen der Einziehung, ohne Rücksicht auf deren Eigentum[1]).

3. Das Gesetz, betr. die Bestrafung der Entziehung elektrischer Arbeit. Vom 9. April 1900.

Behandelt den sogenannten Elektrizitätsdiebstahl, der durch die allgemeinen Strafbestimmungen des Strafgesetzbuchs über den Diebstahl früher nicht erfaßbar war.

---

[1]) Weitergehende landesrechtliche Bestimmungen zum Zwecke des Vogelschutzes bleiben unberührt.

II. Landesgesetze.

a) Preußische Landesgesetze.

1. Die Jagdordnung. Vom 15. Juli 1907, nebst Ausführungsanweisung vom 29. Juli 1907.

Enthält Bestimmungen über die jagdbaren Tiere, über das Jagdrecht des Grundeigentümers, über die Jagdscheine, über die Schonzeiten und über die Versendung von Wild, mit den entsprechenden Strafvorschriften[1]).

2. Das Feld- und Forstpolizeigesetz. Vom 1. April 1880.

Enthält Vorschriften zum Schutze von Gärten, Feld und Forst; ferner Strafandrohungen gegen die Entwendung von Feldfrüchten, und zwar von Nahrungs- und Genußmitteln, wie auch von Viehfutter. Bei Entwendung von Nahrungs- und Genußmitteln auf Äckern, Wiesen, Weinbergen, Obstanlagen, Gärten tritt die Strafverfolgung auf Antrag gemäß § 370 Ziffer 5 StGB. ein. Erschwerende Umstände beim Garten- und Felddiebstahl sind u. a.: Benutzung von Äxten, Sägen, Messern, Spaten und anderen Werkzeugen, Mitführen von Waffen, Entwendung mittels Einsteigens oder Einbruchs sowie im Rückfalle; die Benutzung falscher Schlüssel, die gewerbs- und gewohnheitsmäßige Hehlerei.

---

[1]) Vgl. auch die Strafandrohungen der §§ 292 StGB. gegen Jagdvergehen.

Außerdem sind noch eine Reihe Einzelhandlungen aufgeführt, die als strafbar erklärt werden, z. B. das unbefugte Abladen von Steinen, Schutt und Unrat, das Abpflücken von Laub und das Abbrechen von Zweigen, das unbefugte Aufsammeln von Dungstoffen von Äckern usw., das Verunreinigen von Gewässern, die unbefugte Öffnung von Wegesperrvorrichtungen, das Unterlassen von Einfriedigungen (bzw. Zuwerfen) von Gruben, Schächten, Steinbrüchen usw. Das Fortnehmen, Vernichten, Umwerfen, Beschädigen von Wegweisern, Tafeln, Merk- und Warnungszeichen, das Beschädigen von Bäumen, Sträuchern, Pflanzen, Feldfrüchten, Pfählen, soweit nicht schon der § 304 StGB. anwendbar ist; das Fortwerfen oder unvorsichtige Handhaben von brennenden oder glimmenden Gegenständen (Zigarren, Streichhölzern) im Walde. Wegen der hier genannten Übertretungen können die Ortspolizeibehörden Strafverfügungen erlassen[1]).

3. Das Forstdiebstahlsgesetz. Vom 15. April 1878.

Enthält Strafbestimmungen für den Fall des Diebstahls von Holz und anderen Walderzeugnissen in einem Forst[2]).

---

[1]) Durch Gesetz vom 28. März 1922 ist die im § 6 bestimmte Wertgrenze und das Ersatzgeld der §§ 71, 72 auf den zehnfachen Betrag erhöht worden (GS. Nr. 12).

[2]) Beachte auch die durch das Gesetz vom 19. Dezember 1920 (GS. 1921, S. 103) eingetretene Änderung des FDGes.

4. Das Fischereigesetz. Vom 30. Mai 1874 bzw. vom 30. März 1880.

Enthält Bestimmungen über das Recht zur Ausübung der Küsten- und Binnenfischerei, über den Fischerlaubnisschein, über verbotene Fangarten, über Schonzeiten der Fische, über verbotene Verunreinigung der Gewässer aus landwirtschaftlichen oder gewerblichen Betrieben. Neben der Strafe ist die Einziehung der verbotenen Fanggeräte und der verbotswidrig feilgehaltenen, verkauften oder versandten Fische zulässig.

5. Das Gesetz, betr. das Spiel in außerpreußischen Lotterien. Vom 29. August 1904.

Das Spielen in Lotterien, die in Preußen nicht zugelassen sind, ist bei Strafe verboten. Alle darauf bezüglichen Handlungen, wie Anbieten, Feilhalten, Verkaufen, Verschenken und jede auf den Vertrieb solcher Lose gerichtete Handlung ist mit Strafe bedroht.

6. Das Gesetz über die Fürsorgeerziehung Minderjähriger. Vom 2. Juli 1900.

Ist bereits oben im Kapitel „Die Überweisung in eine Erziehungs- oder Besserungsanstalt" behandelt worden.

7. Strafgesetzbuch für die Preußischen Staaten. Vom 14. April 1851.

Der einzige in Kraft gebliebene § 270 lautet:

„Wer andere vom Mitbieten oder Weiterbieten bei den von öffentlichen Behörden oder Beamten vorgenommenen Versteigerungen, dieselben mögen Verkäufe, Verpachtungen, Lieferungen, Unternehmungen oder Geschäfte irgendeiner Art betreffen, durch Gewalt oder Drohung oder durch Zusicherung oder Gewährung eines Vorteils abhält, wird mit Geldbuße bis zu 300 Talern oder mit Gefängnis bis zu sechs Monaten bestraft."

Diese Strafbestimmung bezweckt die Bekämpfung der sogenannten „Händlerringe" (in der Verbrechersprache auch Kippe- oder Kabruschemachen bezeichnet). Diese Händler verabreden, sich gegenseitig bei Versteigerungen nicht zu überbieten und die ihnen begehrenswert erscheinenden Gegenstände durch einen ihrer Vertreter ersteigern zu lassen. Die auf diese Weise unter ihrem wirklichen Werte erstandenen Sachen werden dann von den Händlern auf gemeinsame Rechnung weiterveräußert, oft auch gleich nach Schluß der Versteigerung in einem anderen Lokale noch einmal ausgeboten: Gegen Versteigerer, die bei solchem Verfahren ein Verschulden trifft (oder mitbeteiligt sind), ist unverzüglich das Untersagungsverfahren nach § 35 GewOrd. einzuleiten. Die Teilnehmer an dem Ring sind strafrechtlich stets zu fassen, wenn es sich um Versteigerungen eines öffentlich angestellten Versteigerers oder eines Gerichtsvollziehers handelt, wobei der oben wiedergegebene § 270 in Verbindung mit § 48 StGB. zur Anwendung kommt.

b) Bayerische Landesgesetze.

1. Das bayerische Polizeistrafgesetzbuch enthält eine Reihe von Strafbestimmungen für Über-

tretungen in bezug auf einzelne Staatseinrichtungen und öffentliche Verpflichtungen, auf öffentliche Ruhe, Ordnung und Sicherheit, auf Fremdenpolizei und Reisen, auf unerlaubte Sammlungen, Sittenpolizei und Glücksspiele, auf religiöse Einrichtungen, Erziehung und Bildung, auf Leben und Gesundheit, auf Straßen-, Reinlichkeits- und Wasserpolizei, auf Brandversicherung, auf Baupolizei, Dienstbotenwesen, Landwirtschaft, Jagd und Fischerei, schließlich auf Gewerbepolizei.

2. Gesetz, betr. die Ausübung der Jagd. Vom 30. März 1850.

Ergänzende Verordnungen vom 11. Juli 1900 und vom 19. Oktober 1908 über die jagdbaren Tiere, sowie vom 6. Juni 1909 über die Ausübung und Behandlung der Jagd und den Verkehr mit Wildbret.

3. Das Fischereigesetz. Vom 15. August 1908 und die Landesfischereiordnung vom 23. März 1909.

4. Das Wassergesetz. Vom 23. März 1907.

5. Das Zwangserziehungsgesetz. Vom 10. Mai 1902.

6. Das Forstgesetz. Vom 28. März 1852 und vom 26. Februar 1908. Sämtliche Forstrügesachen werden von den Amtsgerichten, ohne Schöffen, entschieden.

7. Das Feldschadengesetz. Vom 6. März 1902.

8. Die Verordnung, betr. die Feier der Sonn- und Festtage. Vom 21. Mai 1897.

9. Das Lotteriegesetz. Vom 11. Oktober 1912.

10. Verordnung, betr. das Verbot des Feilhaltens und Führens von Waffen zur Verhütung von Gefahren für die Sicherheit der Personen. Vom 19. November 1887.

Ergänzung zu Art. 39 des PolStGB.

Jetzt ist der Waffenbesitz durch die Reichsverordnung vom 13. Januar 1919 geregelt. (Ablieferung aller Schußwaffen; landesrechtlich sind von der Ablieferungspflicht in der Regel befreit: Polizeibeamte, Forstschutzbeamte, Militärpersonen, Inhaber von Jagdkarten, Inhaber von Erlaubnisscheinen, sog. Waffenscheinen.)

c) Landesgesetze der übrigen Volksstaaten

strafrechtlichen Inhalts über die oben erwähnten Gebiete stimmen meistens in ihren Grundbestimmungen überein; sie sind auszugsweise wiedergegeben in Weiß, Polizeischule, Band II, Seite 1356ff.

Anhang.

I. Anweisung vom 8. Juni 1883 zur Ausführung des preußischen Gesetzes vom 23. April 1883, betr. den Erlaß polizeilicher Strafverfügungen wegen Übertretungen.

§ 1. Die Befugnis zum Erlasse der polizeilichen Strafverfügung steht derjenigen Person oder derjenigen Behörde, welche die Polizeiverwaltung in einem bestimmten Bezirke auszuüben hat, wegen der in diesem Bezirke innerhalb ihres Verwaltungsbereichs begangenen Übertretungen zu.

Ist gesetzlich die Verwaltung der Polizei für einzelne Gegenstände, wie die der Hafen-, Strom- und Schiffahrtspolizei, die Deich-, Eisenbahn- und Chausseepolizei, nicht der Polizeibehörde des Orts, sondern einer besonderen Behörde übertragen, so gebührt nur dieser die Befugnis zur pol. StV. wegen der innerhalb ihres Bezirks begangenen Übertretung derjenigen Strafvorschriften, welche die ihr übertragene besondere Polizeiverwaltung betreffen.

(Ausgeschlossen sind die im § 2 des Gesetzes angeführten Übertretungen, für deren Aburteilung Gewerbegerichte zuständig sind, sowie die der bergpolizeilichen Vorschriften.)

Der Erlaß einer pol. StV. findet ferner nicht statt bei Zuwiderhandlungen gegen das Forstdiebstahlsgesetz vom 15. April 1878, da die in diesem angedrohte Freiheitsstrafe, auch wenn sie nur an die Stelle einer Geldstrafe tritt, nicht in Haft, sondern in Gefängnis besteht[1]).

Was nachstehend für Polizeiverwalter bestimmt ist, findet da, wo die Polizei nicht von einzelnen Personen, sondern von Behörden verwaltet wird, in gleicher Weise auf die letzteren Anwendung.

§ 2. Wenn auch der § 1 des Gesetzes dem Polizeiverwalter nicht die Verpflichtung auferlegt, sondern nur die Befugnis verleiht, pol. StVen. wegen Übertretungen zu erlassen, so hat doch der Polizeiverwalter zur Wahrung der polizeilichen Interessen in allen dazu geeigneten Fällen von der gedachten Befugnis Gebrauch zu machen, da sonst die Absicht des Gesetzes vereitelt werden würde. Derselbe hat daher in jedem einzelnen, zu seiner Kenntnis gelangenden Falle einer in seinem Verwaltungsbereiche begangene Übertretung zu prüfen, ob er selbst eine pol. StV. zu erlassen oder die Sache an den Amtsanwalt zur gerichtlichen Verfolgung abzugeben hat.

Des Erlasses einer pol. StV. hat der Polizeiverwalter sich zu enthalten, wenn er die Anwendung eines seine Kompetenz übersteigenden Strafmaßes für

[1]) Vgl. auch die durch Ges. vom 19. Dezember 1920 (GS. 1921, S. 103) eingetretene Änderung des Forstdiebstahlges.

angezeigt erachtet (im Sinne des § 1 Abs. 3), oder wenn er in Erfahrung bringt, daß der Amtsanwalt bereits Schritte zur gerichtlichen Verfolgung einer Übertretung getan hat. Dasselbe gilt von allen denjenigen Fällen, in welchen der Polizeiverwalter ein persönliches Interesse an dem Ausgange der Sache hat.

Berechtigt ist der Polizeiverwalter, von dem Erlasse einer pol. StV. abzusehen und die Verfolgung dem Amtsanwalt zu überlassen, wenn er es wegen der Zweifelhaftigkeit des Falles in betreff der Feststellung des Tatbestandes oder der Auslegung der Strafvorschrift oder aus einem sonstigen besonderen Grunde im Einzelfalle für angemessen erachtet.

§ 3. In den hiernach nicht ausgenommenen Fällen hat sich der Polizeiverwalter, wenn er von einer in seinem Amtsbereiche vorgefallenen Übertretung Kenntnis erhält, zunächst davon, zu welcher Zeit, wie und von wem sie verübt ist, Überzeugung zu verschaffen.

§ 4. Hat er die Übertretung selbst wahrgenommen, oder die Überzeugung davon durch amtliche, auf eigener Wahrnehmung des Anzeigenden beruhende, oder durch Angaben glaubwürdiger Zeugen unterstützte Anzeigen oder Protokolle eines Beamten erlangt, so bedarf es weiterer Nachforschung nicht, sofern nur daraus die zur StV. erforderlichen Umstände (§ 10) hervorgehen.

§ 5. Ebenso wird es, falls er anderweitig von einer Übertretung Kenntnis erhält, in der Regel genügen, wenn er die Übertretung auf glaubhafte

Weise in Erfahrung gebracht hat und mindestens eine glaubwürdige Person sie bezeugen kann.

§ 6. Erachtet der Polizeiverwalter, um die erforderliche Überzeugung von der Übertretung oder von den Mitteln zu ihrem Beweise zu gewinnen, dennoch Ermittlungen für nötig, so hat er diese auf die kürzeste, dabei aber hinreichend zuverlässige Art zu veranlassen. Er ist hierbei an keine Förmlichkeit, auch nicht an ein protokollarisches Verfahren gebunden.

Zur eidlichen Vernehmung von Zeugen ist er nicht berechtigt. Zeugenvernehmungen, durch welche Kosten erwachsen, sind zu unterlassen.

§ 7. Über die pol. StVen. wegen Übertretungen ist eine Strafliste (nach besonderem Formular I) mit für jedes Kalenderjahr fortlaufenden Nummern zu führen und behufs der StV. von einem weiteren Formular II, als Aktenbogen für jede einzelne Sache, sowie behufs der Ausfertigung der StV. in Fällen, wo nur Haft festgesetzt wird, von dem weiteren Formular III sowie in den Fällen, wo eine Geldstrafe und die an deren Stelle tretende Haft festgesetzt wird, von einem weiteren Formular IV Gebrauch zu machen.

§ 8. Findet der Polizeiverwalter den zu seinen Kenntnis gelangten Fall einer Übertretung zu einer pol. StV. geeignet, so trägt er diese in die Strafliste ein, fertigt die StV. nach dem Formular III oder IV aus und füllt das Formular II in entsprechender Weise aus. Die pol. StV. gegen Beschuldigte im

Alter von 12 bis 18 Jahren (§ 1 Abs. 1) ist gegen den Beschuldigten selbst und nicht gegen den gesetzlichen Vertreter desselben zu richten, welcher letztere indes nach § 3 des Gesetzes innerhalb der für den Beschuldigten laufenden Frist zum Antrage auf gerichtliche Entscheidung befugt ist.

§ 9. Die polizeiliche Verfügung muß die im § 4 des Gesetzes bezeichneten Angaben vollständig enthalten.

Ist die Übertretung mit Geldstrafe oder Haft bedroht, so hat der Polizeiverwalter nach den bei der Übertretung obwaltenden Umständen und mit Rücksicht auf die Person des Beschuldigten, z. B. auf seine Vorbestrafungen, zu ermessen, ob Geldstrafe oder zugleich Haft festzusetzen sei.

Wird eine Geldstrafe festgesetzt, so darf sie nicht weniger als eine Mark betragen, sofern die zur Anwendung kommende Strafvorschrift nicht ausdrücklich eine geringere Strafe zuläßt. Die für den Fall des Unvermögens des Beschuldigten statt der Geldstrafe stets sogleich festzusetzende Haft aber ist so zu bestimmen, daß nach dem Ermessen des Polizeiverwalters der Betrag von 1 bis 15 Mark[1]) einer eintägigen Freiheitsstrafe gleichzuachten ist (§§ 27, 28 StGB.).

§ 10. 1. Die ausgefertigte StV. ist dem Beschuldigten durch einen vereideten öffentlichen Beamten zuzustellen. Der Beamte hat die Verfügung dem

[1]) Jetzt etwa auf das Zehnfache erhöht.

Beschuldigten in Person, wenn dieser aber in der Wohnung nicht angetroffen wird, einer zu der Familie gehörenden erwachsenen Hausgenossen, oder einer in der Familie dienenden erwachsenen Person, falls solche Personen in der Wohnung des Beschuldigten angetroffen werden, andernfalls dem in demselben Hause wohnenden Hauswirt oder Vermieter, vorausgesetzt, daß diese zur Annahme bereit sind, zu übergeben.

Für Gewerbetreibende, welche ein besonderes Geschäftslokal haben, kann, wenn sie dort nicht angetroffen werden, die Zustellung an einen darin anwesenden Gewerbegehilfen erfolgen.

Wird die Annahme in einem Fall, in welchem dies nach vorstehenden Bestimmungen nicht ausdrücklich zugelassen ist, verweigert, so ist die Ausfertigung der StV. am Orte der Zustellung zurückzulassen.

2. Ist die Zustellung nach diesen Bestimmungen nicht ausführbar, so kann sie dadurch erfolgen, daß die Ausfertigung der StV. bei der Ortsbehörde (Gemeinde- oder Polizeibehörde) oder bei dem Postamte des Zustellungsorts niedergelegt und die Niederlegung sowohl durch eine an der Tür der Wohnung zu befestigende schriftliche Anzeige, als auch, soweit tunlich, durch mündliche Mitteilung an zwei in der Nachbarschaft wohnende Personen bekannt gemacht wird.

3. Der zustellende Beamte hat auf der Ausfertigung der StV. unter Beifügung seines Namens

den Tag der Zustellung, z. B. „zugestellt am 20. Oktober 1883 Müller, Amtsbote", zu vermerken, und auf dem ihm mit der Ausfertigung zu übergebenden Aktenbogen unter Nr. 4 über die Zustellung unter Angabe des Tages derselben zu berichten.

4. Die Zustellung kann auch durch die Post erfolgen. In diesem Falle kommen die §§ 15 und 16 der Verordnung vom 7. Oktober 1879 (GS. S. 591 bzw. vom 15. Nov. 1899 — GS. S. 545) zur Anwendung. Die Postgebühren hat die Polizeibehörde zu entrichten, vorbehaltlich der etwaigen Einziehung derselben von dem Beschuldigten im Falle des § 20 dieser Anweisung.

5. (Zustellung an Militärpersonen.)

§ 11. Gegen die pol. StV. findet nur der Antrag auf gerichtliche Entscheidung statt. Der Weg der Beschwerde bei der vorgesetzten Behörde ist ausgeschlossen.

Stellt der Beschuldigte bis zum Ablauf einer Woche nach dem Tage der Zustellung der StV., diesen nicht mitgerechnet, bei dem Polizeiverwalter, welcher die letztere erlassen hat, mündlich den Antrag auf gerichtliche Entscheidung, so ist darüber eine Verhandlung aufzunehmen und diese nebst den Aktenbogen und den etwa zur Sache sonst vorhandenen Schriftstücken, welche zu dem Aktenbogen zu sammeln und ebenfalls mit der Nummer der Strafliste zu versehen sind, ohne daß es einer weiteren Beischrift bedarf, an den Amtsanwalt abzusenden, die Absendung aber in der Strafliste zu verzeichnen.

In gleicher Weise ist die Sache an den Amtsanwalt abzugeben, wenn der Antrag auf gerichtliche Entscheidung schriftlich bei dem Polizeiverwalter eingereicht wird, oder wenn er bei dem Amtsgericht angebracht worden ist.

§ 12. Gegen die Versäumung der Antragsfrist gestattet der § 455 StPO. unter den in den §§ 44, 45 bezeichneten Voraussetzungen Wiedereinsetzung in den vorigen Stand. Hiernach kann

1. die Wiedereinsetzung in den vorigen Stand beantragt werden, wenn der Antragsteller durch Naturereignisse oder andere unabwendbare Zufälle an der Einhaltung der Frist verhindert worden ist. Als unabwendbarer Zufall ist es insbesondere anzusehen, wenn der Antragsteller von der Zustellung der StV. ohne sein Verschulden keine Kenntnis erlangt hat.
2. Das Gesuch um Wiedereinsetzung in den vorigen Stand muß binnen einer Woche nach Beseitigung des Hindernisses unter Angabe und Glaubhaftmachung der Versäumnisgründe (§ 45) bei der Polizeibehörde oder bei dem Amtsgerichte angebracht werden (§ 454 StPO.).
3. Über das Gesuch entscheidet der Amtsrichter. Die dem Gesuche stattgebende Entscheidung unterliegt keiner Anfechtung; gegen die das Gesuch verwerfende Entscheidung findet so-

fortige Beschwerde bei dem Landgerichte statt (§ 455 Abs. 2 u. 3 — § 27 GerVerfGes. v. 27. 1. 77).

§ 13. Hat der Beschuldigte gegen die pol. StV. den Antrag auf gerichtliche Entscheidung angebracht, so hat nach § 454 StPO. der Polizeiverwalter die Befugnis, anstatt der Übersendung der Verhandlungen (§ 11 dieser Anw.) an den Amtsanwalt, die StV. zurückzunehmen. Von dieser Befugnis ist in denjenigen Fällen Gebrauch zu machen, in welchen die pol. StV. auf einem Irrtume beruht.

§ 14. Ist innerhalb der Frist einer Woche ein Antrag auf gerichtliche Entscheidung bei der Polizeibehörde nicht gestellt, auch dieser Behörde eine Bescheinigung des Amtsgerichts über die erfolgte Einlegung der Berufung nicht vorgelegt worden, so ist die StV. zu vollstrecken.

§ 15. War eine Geldstrafe festgesetzt, so ist der Aktenbogen unter Beifügung der zur Sache sonst noch gehörigen Schriftstücke ohne weitere Beischrift derjenigen Kasse zu übersenden, zu welcher ... die Geldstrafen einzuziehen sind[1]), und die Absendung in der Strafliste zu vermerken.

Ist der Polizeiverwalter zur vorläufigen Empfangnahme der Geldstrafe im allgemeinen ermächtigt und zahlt der Bestrafte an denselben, so hat er die Geldstrafe nebst dem Aktenbogen an die betreffende Kasse

---

[1]) Gemeinde-, Schul-, Armenkasse.

sofort zu übersenden, die Zahlung aber auf der StV. oder auf besonderem Blatte zu bescheinigen.

§ 16. Die zur Annahme der Geldstrafe bestimmte Kasse zieht die Geldstrafe ein. Ist letztere nicht beizutreiben, vermerkt die Kasse dies auf dem Aktenbogen und sendet ihn dem, welcher die StV. erlassen hat, zurück, worauf von diesem nach der Vorschrift des § 17 die Haft zu vollstrecken ist.

§ 17. Ist keine Geldstrafe, sondern nur Haft festgesetzt, so wird dieselbe von dem, welcher die StV. erlassen hat, im Polizeigefängnis vollstreckt.

. . . . .

Der Vermerk Nr. 5 des Aktenbogens ist auszufüllen und der Haftbefehl damit gleichlautend durch Ausfüllung eines besonderen Formulars auszufertigen und diese Ausfertigung dem mit der Vollziehung beauftragten Beamten zurückzugeben, welcher den Beschuldigten, falls dieser auf die an ihn ergangene Ladung zum Antritt der Strafen sich nicht gestellt hat, zur gefänglichen Haft zu bringen und den Haftbefehl nach dessen Ausführung zurückzugeben hat, worauf der Vermerk Nr. 6 auf dem Aktenbogen auszufüllen, auch die Vollstreckung in der Strafliste zu vermerken ist.

§ 18. Ist eine Einziehung festgesetzt und die Vollziehung vollstreckbar geworden, so ist der einzuziehende Gegenstand, wo dies noch nicht geschehen sein sollte, in Beschlag zu nehmen und demnächst demjenigen zu übergeben, welchem dergleichen eingezogene Gegenstände zustehen.

Ist der Polizeiverwalter zweifelhaft darüber, wem das Konfiskat zufällt, so hat er hierüber von der vorgesetzten Behörde weiteren Bescheid einzuholen.

§ 19. Liegt ein gesetzlicher Grund vor, den Beschuldigten vorläufig festzunehmen (§§ 125, 113 StPO.), so findet, da der Festgenommene unverzüglich dem Amtsrichter vorgeführt werden muß (§ 128 StPO.), der Erlaß einer pol. StV. nicht statt.

Besteht jedoch die an erster Stelle festzusetzende Strafe nicht in Haft, sondern in Geldstrafe, so kann der Polizeiverwalter von der Festnahme Abstand nehmen und die StV. erlassen, falls der Beschuldigte für die Strafe, deren Betrag ihm bekanntzumachen ist, Sicherheit leistet.

Ergibt sich der Anlaß zur vorläufigen Festnahme erst nach Erlaß und Behändigung der StV., jedoch bevor letztere vollstreckbar geworden ist, so kann der Polizeiverwalter von dem Beschuldigten die sofortige Bestellung einer Sicherheit für die Strafe fordern. Wird die Sicherheit nicht bestellt, so kann der Beschuldigte festgenommen werden und ist sodann dem Amtsrichter vorzuführen.

Die Höhe der zu leistenden Sicherheit darf den Betrag der festzusetzenden oder festgesetzten Geldstrafe nicht übersteigen.

§ 20. Als bare Auslagen des Verfahrens (§ 6 d. Ges. v. 23. 4. 1883) dürfen von dem Beschuldigten nur eingezogen werden:

1. Postgebühren;

2. die Kosten der Beitreibung der Geldstrafen nach Maßgabe des Gebührentarifs vom 15. November 1899 (GS. S. 545)[1];
3. die Haft- und Transportkosten, welche durch Vollstreckung der Haft entstehen.

Die entstandenen Auslagen sind in der Strafliste und auf dem Aktenbogen (Nr. 7) zu verzeichnen.

§ 21. Sind die in dem Straffestsetzungsverfahren entstandenen Auslagen nicht beizutreiben, so fallen sie als Kosten der Ortspolizeiverwaltung demjenigen zur Last, welcher die letztgedachten Kosten überhaupt zu tragen hat.

Ist aber die StV. von einer anderen Behörde als der Ortspolizeibehörde erlassen, so sind die nicht beizutreibenden Auslagen als Verwaltungskosten jener Behörde zu tragen.

§ 22. (Betrifft Straffestsetzung gegen Militärpersonen[2].)

§ 23. Die Landräte haben in den ihrer Beaufsichtigung unterstellten Kreisen, so oft sich dazu Gelegenheit findet, die Handhabung der Befugnis zur Straffestsetzung zu prüfen, die etwa erforderliche Prüfung und Belehrung eintreten zu lassen und, daß dies geschehen, in der Strafliste zu vermerken.

---

[1]) bzw. vom 29. April 1921.

[2]) Kann nur erfolgen, wenn die Übertretung im Gesetz bloß mit Geldstrafe oder Einziehung bedroht ist, sonst Antrag beim Militärgericht erforderlich.

II. Das Reichskriminalpolizeigesetz.

Vom 21. Juli 1922.

§ 1. Zur Bekämpfung des Verbrechertums, das sein Tätigkeitsfeld nicht auf bestimmte Orte oder Landesgebiete beschränkt, wird ein Reichskriminalpolizeiamt errichtet. Es hat seinen Sitz in Berlin und wird dem Reichsminister des Innern unterstellt.

§ 2. Die Landesregierungen errichten Landeskriminalpolizeiämter; diese unterstehen den Landesregierungen. Mehrere Länder können ein gemeinsames Landeskriminalpolizeiamt errichten.

Als Vollzugsorgane werden von den Landesregierungen Landeskriminalpolizeistellen eingerichtet.

§ 3. Die Landeskriminalpolizeibehörden haben die Aufgabe,

1. die Staatsanwaltschaften und Gerichte bei der Aufdeckung und Aufklärung von Straftaten zu unterstützen, welche die öffentliche Sicherheit besonders beeinträchtigen;
2. solche Straftaten zu verhüten.

Die Reichsregierung kann mit Zustimmung des Reichsrats im Rahmen des Absatzes 1 nähere Bestimmungen über die sachliche Zuständigkeit der Landeskriminalpolizeibehörden erlassen.

Die Staatsanwaltschaften und Gerichte können in Ausnahmefällen den Landeskriminalpolizeistellen auch die Aufklärung anderer Straftaten übertragen.

Die Landeskriminalpolizeistellen haben die Aufträge der Staatsanwaltschaften, der Gerichte, der Landeskriminalpolizeiämter und des Reichskriminalpolizeiamts auszuführen. In den zu ihrer Zuständigkeit gehörenden Sachen sind sie auch zu selbständigem Einschreiten befugt und verpflichtet, wenn noch keine der im Satze 1 genannten Stellen mit der Sache befaßt ist.

§ 4. Durch Vereinbarung der Landeszentralbehörden mit dem Reichskriminalpolizeiamte kann ausnahmsweise bestimmt werden, daß in dem örtlichen Zuständigkeitsgebiet einzelner großer Städte mit eigener Kriminalpolizei und eigenen erkennungsdienstlichen Einrichtungen die Landeskriminalpolizeistellen nur tätig werden dürfen

1. auf Ersuchen der örtlichen Polizeibehörde,
2. auf Anordnung der Staatsanwaltschaften, der Gerichte, des Landeskriminalpolizeiamts oder des Reichskriminalpolizeiamts,
3. wenn die außerhalb der Stadt von den Landeskriminalpolizeistellen aufgenommenen Spuren in die Stadt hineinführen.

§ 5. Die Landeskriminalpolizeiämter sind Dienstaufsichtsbehörden der Landeskriminalpolizeistellen ihres Gebiets. Sie haben als solche

1. die Tätigkeit der ihnen unterstellten Landeskriminalpolizeistellen zu beaufsichtigen,
2. die Verbindung des Reichskriminalpolizeiamts mit den Landeskriminalpolizeistellen und dieser Stellen untereinander aufrechtzuerhalten,
3. die Landeskriminalpolizeistellen bei der Aufdeckung und Aufklärung von Straftaten, insbesondere soweit sie sich über das Gebiet mehrerer Landeskriminalpolizeistellen erstrecken, mit Anweisungen zu versehen.

Ferner sind die Landeskriminalpolizeiämter erkennungsdienstliche Sammelstellen ihres Gebietes und haben die Ausbildung und Ausrüstung der Beamten ihrer Landeskriminalpolizeistellen durchzuführen.

§ 6. Das Reichskriminalpolizeiamt stellt Richtlinien für die einheitliche Geschäftsführung der Landeskriminalpolizeibehörden und für entsprechende Ausbildung der Beamten auf. Es hat alle für die planmäßige Zusammenarbeit der Landeskriminalpolizeibehörden nötigen Maßnahmen zu treffen, insbesondere einen allen Ländern gemeinsamen Nachrichten- und Erkennungsdienst zu unterhalten.

Die bei der Tätigkeit des Reichskriminalpolizeiamts und der Landeskriminalpolizeibehörden gewonnenen Ergebnisse von wissenschaftlichem Werte hat das Reichskriminalpolizeiamt nach Anweisungen, die der Reichsminister des Innern im Einvernehmen mit dem Reichsminister der Justiz erläßt, zu sammeln und zu bearbeiten.

§ 7. In Fällen, deren Aufdeckung und Aufklärung sich über das Gebiet mehrerer Landeskriminalpolizeiämter zu erstrecken hat, unterrichtet das Reichskriminalpolizeiamt die in Betracht kommenden Landeskriminalpolizeiämter und -stellen über die durch den Nachrichtendienst in Erfahrung gebrachten Zusammenhänge und kann zu diesem Zwecke seine Beamten entsenden.

Auf Antrag eines der beteiligten Landeskriminalpolizeiämter kann das Reichskriminalpolizeiamt über solche Fälle durch seine eigenen Vollzugsbeamten Ermittlungen anstellen lassen.

Auch ohne Antrag kann das Reichskriminalpolizeiamt ausnahmsweise im ganzen Reichsgebiete durch seine eigenen Vollzugsbeamten Ermittlungen anstellen und allen Polizeibehörden Weisungen erteilen, wenn es sich um Einzelfälle handelt, durch die Interessen des Reiches unmittelbar berührt werden. In Fällen eigener Ermittlungstätigkeit des Reichskriminalpolizeiamts ist nach Tunlichkeit ein örtlich zuständiger Beamter der Landeskriminalpolizei zuzuziehen, in allen Fällen eigener Ermittlungstätigkeit des Reichskriminalpolizeiamts ist der obersten Landesbehörde des in Frage kommenden Landes unverzüglich hiervon Anzeige zu erstatten.

Das Reichskriminalpolizeiamt kann den Verkehr mit ausländischen Behörden ausschließlich auf sich übernehmen, wo es ihm für die zweckmäßige Durchführung der Sache erforderlich erscheint.

§ 8. Die Vollzugsbeamten des Reichskriminalpolizeiamts und der Landeskriminalpolizeibehörden können innerhalb ihrer Zuständigkeit im ganzen Reichsgebiete polizeiliche Amtshandlungen vornehmen; sie üben im ganzen Reichsgebiete die Befugnisse von Hilfsbeamten der Staatsanwaltschaft aus.

§ 9. Die örtlich zuständigen Behörden und Beamten des Polizei- und Sicherheitsdienstes haben, sobald sie von der Verübung oder dem Verdachte der Verübung einer zur Zuständigkeit der Landeskriminalpolizeibehörden gehörenden Straftat Kenntnis erhalten, die Landeskriminalpolizeistellen auf dem schnellsten Wege unverzüglich zu benachrichtigen und bis zu deren Eingreifen die unaufschiebbaren Maßnahmen zu treffen.

§ 10. Die Polizei- und Justizbehörden der Länder sind verpflichtet, dem Reichskriminalpolizeiamte von dem Auftreten, der Verhaftung und der Haftentlassung jedes Verbrechers, dessen Tätigkeitsfeld sich vermutlich nicht auf bestimmte Orte oder Landesgebiete beschränkt, unverzüglich Mitteilung zu machen. Das Nähere bestimmt der Reichsminister des Innern im Einvernehmen mit dem Reichsminister der Justiz.

§ 11. Die Kosten des Reichskriminalpolizeiamts und seiner abgeordneten Beamten trägt das Reich. Ebenso trägt das Reich die Kosten, wenn Beamte eines Landes im Auftrag des Reichskriminalpolizeiamts außerhalb des Bereichs ihres Landesamts tätig werden.

Die Kosten der Landeskriminalpolizei werden zu einem Drittel vom Reiche, zu zwei Dritteln von den Ländern getragen. Bei der Berechnung des Gesamtbetrags dieser Kosten werden sonstige Zuschüsse des Reichs, insbesondere die Besoldungszuschüsse auf Grund des Landessteuergesetzes vorweg abgezogen.

Errichten mehrere Länder eine gemeinsame Landeskriminalpolizei, so bleibt die Kostenverteilung der Vereinbarung der beteiligten Länder überlassen.

§ 12. Die Ausführungsbestimmungen erläßt die Reichsregierung mit Zustimmung des Reichsrats. Sie bestimmt den Zeitpunkt, zu dem das Gesetz oder einzelne seiner Vorschriften in Kraft treten.

III. Reichsgesetz zum Schutze der Republik.

Vom 21. Juli 1922.

(Auszug.)

I. Strafbestimmungen zum Schutze der Republik.

§ 1. Wer an einer Vereinigung oder Verabredung teilnimmt, zu deren Bestrebungen es gehört, Mitglieder einer republikanischen Regierung des Reichs oder eines Landes durch den Tod zu beseitigen, wird mit Zuchthaus nicht unter fünf Jahren oder mit lebenslangem Zuchthaus bestraft.

Ist in Verfolgung dieser Bestrebungen eine Tötung begangen oder versucht worden, so wird jeder, der zur Zeit der Tat an der Vereinigung oder Verabredung beteiligt war, und ihre Bestrebungen kannte, mit dem Tode oder mit lebenslänglichem Zuchthaus bestraft.

§ 2. Wer an einer Geheimverbindung der im § 128 des Strafgesetzbuchs bezeichneten Art teilnimmt, wird mit Zuchthaus bestraft, wenn die Verbindung eine im § 1 Abs. 1 genannte Bestrebung verfolgt.

§ 3. Der Teilnehmer an einer in den §§ 1, 2 bezeichneten Vereinigung, Verabredung oder Verbindung bleibt straffrei, wenn er der Behörde oder der bedrohten

Person von dem Bestehen der Vereinigung, Verabredung oder Verbindung, von den ihm bekannten Mitgliedern und ihrem Verbleibe Kenntnis gibt, bevor in Verfolgung der Bestrebungen der Vereinigung, Verabredung oder Verbindung eine Tötung begangen oder versucht worden ist.

§ 4. Dem Teilnehmer an einer in den §§ 1, 2 bezeichneten Vereinigung, Verabredung oder Verbindung steht gleich, wer die Vereinigung oder Verbindung oder einen an der Verabredung Beteiligten mit Rat oder Tat, insbesondere mit Geld unterstützt.

§ 5. Wer von dem Dasein einer in den §§ 1, 2 genannten Vereinigung, Verabredung oder Verbindung oder von dem Plane, eine im § 1 genannte Person zu töten, Kenntnis hat, wird mit Zuchthaus, bei mildernden Umständen mit Gefängnis nicht unter drei Monaten bestraft, wenn er es unterläßt, von dem Bestehen der Vereinigung, Verabredung oder Verbindung, von den ihm bekannten Mitgliedern, ihrem Verbleib oder von der geplanten Tötung und der Person des Täters der Behörde oder bedrohten Person unverzüglich Kenntnis zu geben.

Diese Vorschrift findet keine Anwendung, wenn die Anzeige von einem Geistlichen in Ansehung dessen, was ihm bei Ausübung der Seelsorge anvertraut worden ist, hätte erstattet werden müssen. Straffrei bleiben Verwandte auf- und absteigender Linie, Ehegatten und Geschwister, wenn sie sich nach Kräften bemüht haben, den Täter von der Tat abzuhalten, es sei denn, daß die Unterlassung der Anzeige eine Tötung oder einen Tötungsversuch zur Folge gehabt hat.

§ 6. Wer einen anderen begünstigt (§ 257 des Strafgesetzbuchs), der eine im § 1 Abs. 1 genannte Person vorsätzlich getötet oder zu töten versucht hat oder der an einer solchen Tat teilgenommen hat, wird mit Zuchthaus bestraft.

§ 7. Mit Gefängnis von 3 Monaten bis zu 5 Jahren wird, soweit nicht andere Vorschriften eine schwerere Strafe androhen, bestraft:

1. wer gegen Mitglieder der republikanischen Regierung des Reichs oder eines Landes einen Angriff auf Leib oder Leben (Gewalttätigkeit) begeht oder mit einem anderen verabredet, oder wer zu einer solchen Gewalttätigkeit auffordert;
2. wer einen anderen, der als Mitglied einer republikanischen Regierung des Reichs oder eines Landes durch eine gegen ihn gerichtete Gewalttätigkeit getötet worden ist, öffentlich oder in einer Versammlung beschimpft oder verleumdet;
3. wer öffentlich oder in einer Versammlung ein Verbrechen gegen § 1 oder Gewalttätigkeiten, die gegen Mitglieder der republikanischen Regierung des Reichs oder eines Landes begangen worden sind, verherrlicht oder ausdrücklich billigt, wer solche Taten belohnt oder den

Täter oder Teilnehmer begünstigt (§ 257 des Strafgesetzbuchs);

4. wer an einer geheimen oder staatsfeindlichen Verbindung (§§ 128, 129 des Strafgesetzbuchs), die die Bestrebung verfolgt, die verfassungsmäßig festgestellte republikanische Staatsform des Reichs oder eines Landes zu untergraben, teilnimmt, oder sie im Dienste ihrer Bestrebungen ein Mitglied mit Rat oder Tat, insbesondere durch Geld unterstützt;
5. wer sich einer geheimen oder staatsfeindlichen Verbindung (§§ 128, 129 des Strafgesetzbuchs) anschließt, die selbst oder deren Mitglieder unbefugt Waffen besitzen;
6. wer ein bis dahin verheimlichtes Waffenlager in Eigentum oder Gewahrsam hat und es unterläßt, der Behörde von dem Aufbewahrungsort unverzüglich Kenntnis zu geben; dem Waffenlager steht ein Munitionslager, ein Geschütz, ein Minenwerfer oder Flammenwerfer, ein Maschinengewehr oder eine Maschinenpistole gleich.

In besonders schweren Fällen ist die Strafe Zuchthaus.

Neben der Freiheitsstrafe ist auf Geldstrafe bis zu fünf Millionen Mark zu erkennen.

§ 8. Mit Gefängnis bis zu fünf Jahren, neben dem auf Geldstrafe bis zu einer Million Mark erkannt werden kann, wird bestraft,

1. wer öffentlich oder in einer Versammlung die

verfassungsmäßig festgestellte republikanische Staatsform des Reichs oder eines Landes beschimpft oder dadurch herabwürdigt, daß er Mitglieder der republikanischen Regierung des Reichs oder eines Landes beschimpft oder verleumdet;

2. wer öffentlich oder in einer Versammlung die Reichs- oder die Landesfarben beschimpft;

3. wer von dem Vorhandensein eines bis dahin verheimlichten Waffenlagers Kenntnis hat und es unterläßt, hiervon der Behörde unverzüglich Kenntnis zu geben, es sei denn, daß damit für Verwandte auf- und absteigender Linie oder Geschwister oder den Ehegatten des Wissenden die Gefahr der Bestrafung einträte oder, daß die Anzeige von einem Geistlichen, Rechtsanwalt oder Arzt in Ansehung dessen hätte erfolgen müssen, was ihm bei Ausübung seines Berufs anvertraut worden ist. § 7 Nr. 6, Halbsatz 2 gilt entsprechend.

§ 9. Neben jeder Verurteilung wegen Hochverrats oder wegen eines Verbrechens gegen die §§ 1 bis 6 ist auf Geldstrafe zu erkennen; die Höhe der Geldstrafe ist nicht beschränkt.

Dem Verurteilten kann im Urteil der Aufenthalt in bestimmten Teilen oder an bestimmten Orten des Reichs auf die Dauer bis zu fünf Jahren angewiesen werden; gegen Ausländer ist auf Ausweisung aus dem Reichsgebiete zu erkennen. Zuwiderhandlungen gegen diese Anordnungen werden mit Gefängnis bestraft.

§ 10. Die Verurteilung zum Tode oder zu Zuchthaus wegen Hochverrats oder einer in den §§ 1 bis 7 bezeichneten strafbaren Handlung hat außer den im § 31 des Strafgesetzbuches genannten Folgen den Verlust der aus öffentlichen Wahlen hervorgegangenen Rechte und bei Beamten und Militärpersonen den Verlust des Gehalts und, wenn sie nicht mehr im Amte sind, des Ruhegehalts von Rechts wegen zur Folge.

Wird wegen der im Abs. 1 genannten strafbaren Handlungen oder wegen eines Vergehens gegen den § 8 auf Gefängnis oder Festungshaft erkannt, so kann zugleich auf Verlust der bekleideten öffentlichen Ämter, bei Militärpersonen auf Dienstentlassung, dauernde oder zeitweilige Unfähigkeit zur Bekleidung öffentlicher Ämter, den gänzlichen oder teilweisen, den dauernden oder zeitweiligen Verlust des Gehalts oder des Ruhegehalts erkannt werden. Soweit nach anderen Vorschriften auf Verlust der aus öffentlichen Wahlen hervorgegangenen Rechte erkannt werden kann, behält es dabei sein Bewenden.

§ 11. Deutsche und Ausländer können wegen der in den §§ 1 bis 8 bezeichneten Handlungen auch dann verfolgt werden, wenn diese Taten im Ausland begangen sind[1]).

---

[1]) Die §§ 12, 13 behandeln unter II. die Errichtung eines **Staatsgerichtshofes** (beim Reichsgericht in Leipzig) **zum Schutze der Republik**. Der Gerichtshof

III. Verbotene Vereinigungen.

§ 14. Versammlungen, Aufzüge und Kundgebungen können verboten werden, wenn bestimmte Tatsachen vorliegen, die die Besorgnis rechtfertigen, daß in ihnen Erörterungen stattfinden, die den Tatbestand einer in den §§ 1 bis 8 bezeichneten strafbaren Handlungen bilden.

Vereine und Vereinigungen, in denen Erörterungen der bezeichneten Art stattfinden oder die Bestrebungen dieser Art verfolgen oder die die Erhebung einer bestimmten Person auf den Thron betreiben, können verboten und aufgelöst werden.

Im Falle des Verbots ist dem Veranstalter auf Antrag sofort ein kostenfreier Bescheid mit Angabe der Gründe zu erteilen.

§ 15. Die Vorschriften des § 14 Abs. 1 finden keine Anwendungen auf Versammlungen der Wahlberechtigten zur Betreibung der Wahlen des Reichstags, des Reichspräsidenten, der Volksvertretung eines Landes oder einer kommunalen oder sonstigen öffentlichrechtlichen Körperschaft vom Tage der amtlichen Bekanntmachung des Wahltags bis zur Beendigung der Wahlhandlung. Das gleiche gilt für Versammlungen

---

entscheidet in seiner Besetzung von neun Mitgliedern, von denen drei Mitglieder des Reichsgerichts sind, während die übrigen sechs Mitglieder nicht die Fähigkeit zum Richteramt zu haben brauchen. Anklagebehörde ist die Reichsanwaltschaft. Auf das Verfahren finden die Vorschriften über das Verfahren vor den Strafkammern entsprechende Anwendung.

zur Betreibung von Abstimmungen und Eintragungen, die zur Feststellung des Willens der Bevölkerung auf Grund der Reichsverfassung und der Verfassungsgesetze der Länder stattfinden.

§ 16. Versammlungen, auch der im § 15 genannten Art, in denen Zuwiderhandlungen gegen die §§ 1 bis 8 vorkommen und geduldet werden, können durch Beauftragte der Polizeibehörde aufgelöst werden.

§ 17. Zuständig für Maßnahmen nach § 14 sind die Landeszentralbehörden oder die von ihnen bestimmten Stellen.

Der Reichsminister des Innern kann die Landeszentralbehörden um die Anordnung einer solchen Maßnahme ersuchen. Glaubt die Landeszentralbehörde einem solchen Ersuchen nicht entsprechen zu können, so teilt sie dies unverzüglich auf telegraphischem oder telephonischem Wege, spätestens aber am 2. Tage nach Empfang des Ersuchens dem Reichsminister des Innern mit und ruft gleichzeitig auf demselben Wege die Entscheidung des Staatsgerichtshofes zum Schutze der Republik an. Entscheidet dieser für die Anordnung, so hat die Landeszentralbehörde die erforderlichen Maßnahmen sofort zu treffen.

Gegen eine Anordnung nach §§ 14, 15 ist binnen 2 Wochen vom Tage der Zustellung oder Veröffentlichung ab die Beschwerde zulässig; sie hat keine aufschiebende Wirkung. Die Beschwerde ist bei der Stelle einzureichen, gegen deren Anordnung sie gerichtet ist.

Diese hat sie unverzüglich an die Landeszentralbehörde abzugeben. Die Landeszentralbehörde kann der Beschwerde außer im Falle des Abs. 2 abhelfen; andernfalls hat sie die Beschwerde unverzüglich dem Staatsgerichtshofe zum Schutze der Republik zur Entscheidung vorzulegen. Gegen eine Entscheidung der Landeszentralbehörde, die der Beschwerde abhilft, kann der Reichsminister des Innern die Entscheidung des Staatsgerichtshofes zum Schutze der Republik anrufen.

Das Verfahren vor dem Staatsgerichtshofe regelt der Reichsminister des Innern mit Zustimmung des Reichsrats. Insbesondere kann er Vorschriften über die Zulässigkeit vorläufiger Entscheidungen erlassen.

§ 18. Im Falle der Auflösung eines Vereins oder einer Vereinigung kann das Vermögen des Vereins oder der Vereinigung zugunsten des Reiches beschlagnahmt und eingezogen werden.

§ 19. Wer nach § 14 verbotene Versammlungen, Aufzüge oder Kundgebungen veranstaltet, oder in solchen als Redner auftritt, wird mit Gefängnis von 3 Monaten bis zu fünf Jahren bestraft, neben dem auf Geldstrafe bis zu fünfhunderttausend Mark erkannt werden kann.

Ebenso wird bestraft, wer sich an einem nach § 14 Abs. 2 aufgelösten Verein oder einer danach aufgelösten Vereinigung als Mitglied beteiligt oder sie auf andere Weise unterstützt. Dem aufgelösten Verein steht ein angeblich neuer Verein gleich, der sich sachlich als der alte darstellt. Das gleiche gilt für Vereinigungen.

IV. Beschlagnahme und Verbot von Druckschriften.

§ 20. Die Vorschriften des Gesetzes über die Presse vom 7. Mai 1874 (Reichsgesetzbl. S. 65) über die Beschlagnahme von Druckschriften (§§ 23 ff. des Gesetzes) finden auch auf die in §§ 1 bis 8 dieses Gesetzes bezeichneten strafbaren Handlungen mit der Maßgabe Anwendung, daß der Staatsanwaltschaft gegen den Beschluß des Gerichts, der die vorläufige Beschlagnahme aufhebt, die sofortige Beschwerde mit aufschiebender Wirkung zusteht.

§ 21. Wird durch den Inhalt einer periodischen Druckschrift die Strafbarkeit einer der in den §§ 1 bis 8 bezeichneten Handlung begründet, so kann die periodische Druckschrift, wenn es sich um eine Tageszeitung handelt, bis auf die Dauer von 4 Wochen, in anderen Fällen bis auf die Dauer von 6 Monaten verboten werden. Auf die Zuständigkeit und das Verfahren finden die Vorschriften des § 17 Anwendung.

Das Verbot umfaßt auch jede angeblich neue Druckschrift, die sich sachlich als die alte darstellt.

§ 22. Wer eine nach § 21 verbotene periodische Druckschrift herausgibt, verlegt, druckt oder verbreitet, wird mit Gefängnis von 3 Monaten bis zu fünf Jahren bestraft, neben dem auf Geldstrafe bis zu fünfhunderttausend Mark erkannt werden kann.

V. Mitglieder vormals landesherrlicher Familien.

§ 23. Mitgliedern solcher Familien, von denen ein Angehöriger bis November 1918 in einem ehemaligen deutschen Bundesstaate regiert hat, kann, wenn sie ihren Wohnsitz oder dauernden Aufenthalt im Ausland haben, von der Reichsregierung das Betreten des Reichsgebiets untersagt oder der Aufenthalt auf bestimmte Teile oder Orte des Reichs beschränkt werden, falls die Besorgnis gerechtfertigt ist, daß andernfalls das Wohl der Republik gefährdet wird. Im Falle der Zuwiderhandlung können sie durch Beschluß der Reichsregierung aus dem Reichsgebiete ausgewiesen werden.

Jede der vorbezeichneten Anordnungen ist mit schriftlichen Gründen zu versehen und den Betroffenen zuzustellen. Binnen zwei Wochen nach Zustellung kann der Betroffene die Entscheidung des Staatsgerichtshofs zum Schutze der Republik anrufen. Das Verfahren regelt der Reichsminister des Innern mit Zustimmung des Reichsrats.

VI. Schlußbestimmungen.

§ 24. Mitglieder der republikanischen Regierungen des Reichs und der Länder im Sinne dieses Gesetzes sind der Reichspräsident sowie alle Regierungsmitglieder, die einer aus allgemeiner, gleicher, unmittelbarer und geheimer Wahl hervorgegangenen Volksvertretung verantwortlich sind oder waren.

§ 25. Das Strafgesetzbuch wird dahin geändert:

1. Als § 49 b. wird folgende Vorschrift eingestellt:

„Wer mit einem anderen ein Verbrechen des Mordes verabredet, wird schon wegen dieser Verabredung mit Gefängnis nicht unter einem Jahre bestraft; die Strafe ist Zuchthaus, wenn eine Person aus Gründen ermordet werden soll, die in ihrer Stellung im öffentlichen Leben liegen. Neben der Freiheitsstrafe kann auf Geldstrafe bis zu fünf Millionen Mark erkannt werden.

Straffrei bleibt, wer der bedrohten Person oder der Behörde von der Verabredung Kenntnis gibt, bevor der Mord begangen oder versucht worden ist."

2. Der § 111 Abs. 2 Satz 1 erhält folgenden Zusatz:

„. . .; war die Aufforderung auf eine Tötung gerichtet, so ist die Strafe Gefängnis nicht unter 3 Monaten, neben dem auf Geldstrafe bis zu einer Million Mark erkannt werden kann."

§ 26. . . . . .

§ 27. Dieses Gesetz tritt mit dem Tage der Verkündung in Kraft. . . . . .

Das Gesetz tritt nach Ablauf von fünf Jahren außer Kraft.

Sachregister.

(Die Zahlen verweisen auf die Seiten.)

A.

B.

T.

U.

Z.

Gedruckt bei A. W. Hayn's Erben, Potsdam.

FSC
www.fsc.org
MIX
Papier | Fördert gute Waldnutzung
FSC® C083411

Kolibri 360 GmbH
Ferdinand-Jühlke-Straße 7
99095 Erfurt, Deutschland
produktsicherheit@kolibri360.de